仏陀は奇跡をどう考えるか

大川隆法
Ryuho Okawa

本霊言「仏陀は奇跡をどう考えるか」は、2018年12月5日、幸福の科学総合本部にて、公開収録された。

〈特別収録〉「ゴータマ・シッダールタの霊言」で霊査が行われた金粉現象

▶2019年10月4日(日本時間10月5日)、カナダ・トロント支部精舎を視察。

◀トロント支部精舎の外観。

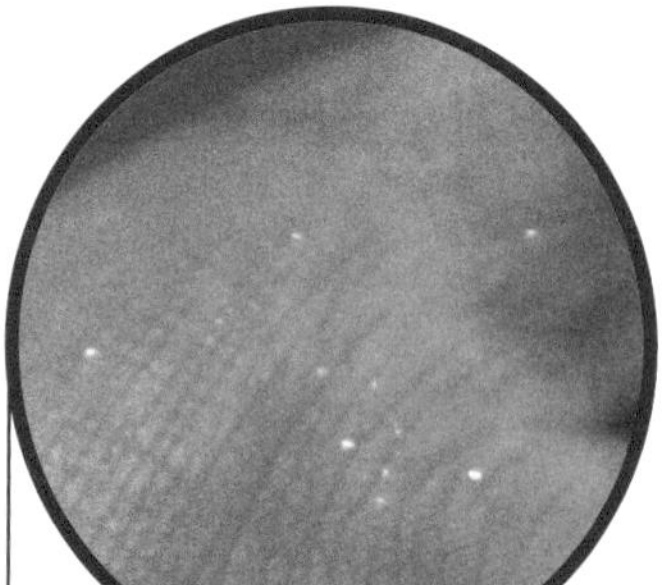

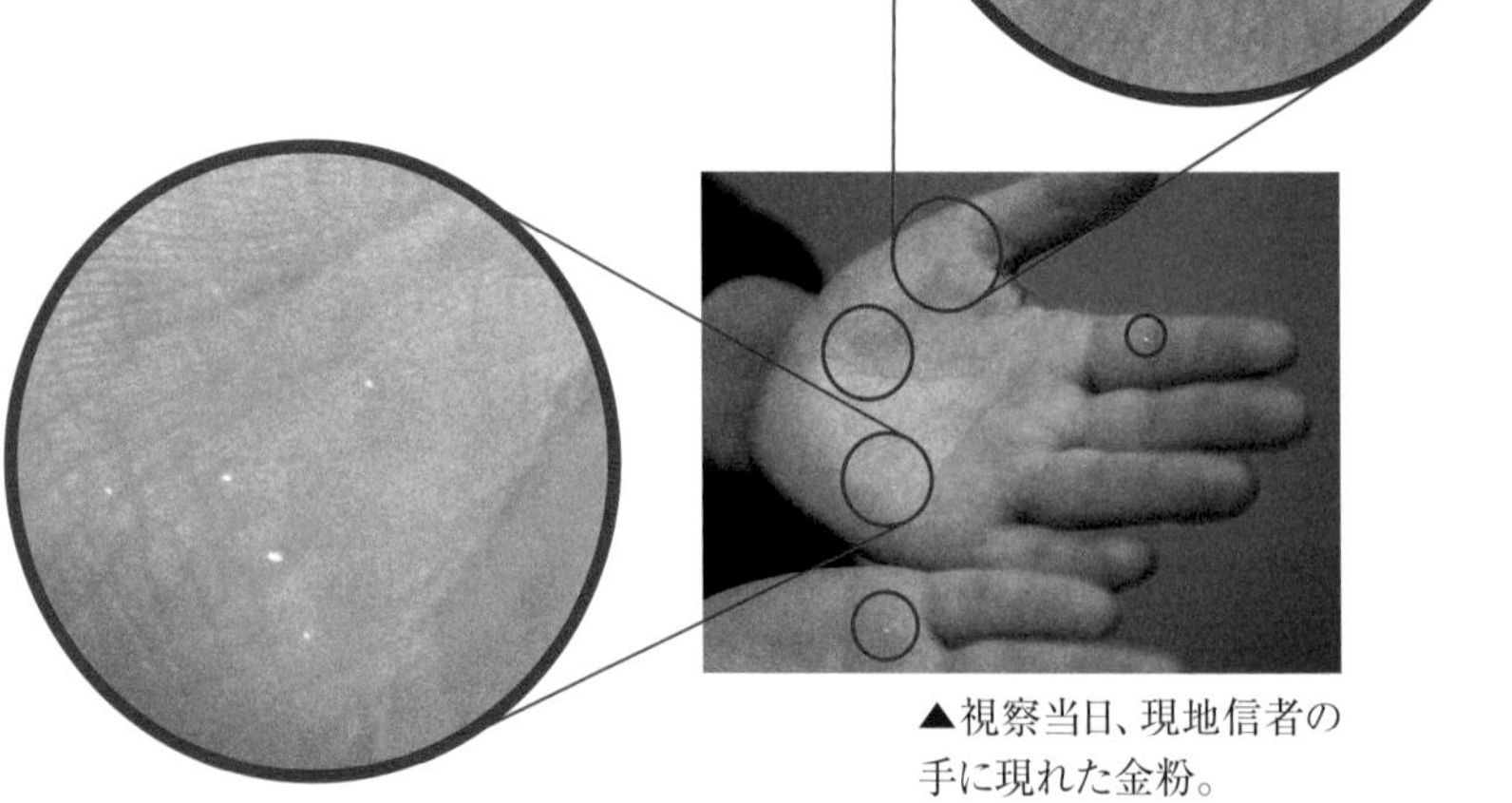

▲視察当日、現地信者の手に現れた金粉。

まえがき

本当に貴重な一書であろう。仏教の開祖・ゴータマ・シッダールタ（仏陀）に、直接、仏教伝説の中の奇跡の真偽について問えるチャンスなどめったにあるものでない。

当会でも霊的神秘性を伴った現象が数多く起きている。考古学者の親類のようになった現代の仏教学者は、霊的現象や奇跡を伴う仏法真理《ぶっぽうしんり》を否定する傾向があり、お寺の僧侶たちにも悪影響が及んでいる。いわゆる唯物論・無神論、科学的実証論の信奉者が多くなって、無霊魂説《むれいこんせつ》を信じるがゆえに、葬儀も、法要も、ただの形式に堕《だ》しているのである。これでは死んだ人も救われるはずがない。

仏教を哲学にしてしまって、マスコミの邪見《じゃけん》攻撃を避けるだけでは、使命を果たしているとはいえない。

いまこそ、「仏陀の原点」に立ち戻るべき時である。

二〇二〇年　五月二十六日

幸福《こうふく》の科学《かがく》グループ創始者兼総裁《そうししゃけんそうさい》　大川隆法《おおかわりゅうほう》

仏陀は奇跡をどう考えるか　目次

仏陀《ぶっだ》は奇跡《きせき》をどう考えるか

二〇一八年十二月五日　霊示《れいじ》
東京都・幸福の科学総合本部にて

4 この世の中は「神秘」と「奇跡」に満ちている　63

〈特別収録〉ゴータマ・シッダールタの霊言
――カナダ巡錫《じゅんしゃく》・金粉《きんぷん》現象の真実――

二〇一九年十二月二十二日　霊示
幸福の科学　特別説法堂《せっぽうどう》にて

「霊言現象《れいげん》」とは、あの世の霊存在の言葉を語り下ろす現象のことをいう。これは高度な悟《さと》りを開いた者に特有のものであり、「霊媒現象《れいばい》」（トランス状態になって意識を失い、霊が一方的にしゃべる現象）とは異なる。外国人霊の霊言の場合には、霊言現象を行う者の言語中枢《ちゅうすう》から、必要な言葉を選び出し、日本語で語ることも可能である。

なお、「霊言」は、あくまでも霊人《れいじん》の意見であり、幸福の科学グループとしての見解と矛盾《むじゅん》する内容を含《ふく》む場合がある点、付記しておきたい。

仏陀《ぶっだ》は奇跡《きせき》をどう考えるか

二〇一八年十二月五日　霊示《れいじ》
東京都・幸福の科学総合本部にて

ゴータマ・シッダールタ（仏陀《ぶっだ》）

約二千五、六百年前に、現在のネパールで生まれた仏教の開祖。当時、その周辺地域のカピラヴァスツを治めていた、釈迦《しゃか》族のシュッドーダナ王（浄飯王《じょうぼんのう》）とマーヤー夫人《ぶにん》（摩耶《まや》夫人）の子として生まれる。王子として育てられるも、道を求めて二十九歳《さい》で出家《しゅっけ》し、三十五歳で大悟《たいご》。鹿《ろく》野苑《やおん》で最初の説法《せっぽう》（初転法輪《しょてんぼうりん》）を行《おこな》って以降、八十歳で入滅《にゅうめつ》するまでインド各地で法を説き続けた。その後、仏教は世界宗教となる。「釈迦牟《しゃかむ》尼世尊《にせそん》（『釈迦族の偉大《いだい》な方』の尊称《そんしょう》）」を略して「釈尊」と呼ばれる。

質問者［質問順。役職は収録時点のもの］

斎藤哲秀《さいとうてっしゅう》（幸福の科学編集系統括《とうかつ》担当専務理事 兼《けん》 ＨＳＵ未来創造学部
芸能・クリエーターコースソフト開発担当顧問《こもん》）

村田堅信《むらたけんしん》（幸福の科学人事局担当専務理事）

綾織次郎《あやおりじろう》（幸福の科学常務理事 兼 総合誌編集局長
兼「ザ・リバティ」編集長 兼 ＨＳＵ講師）

1 「奇跡《きせき》について仏陀《ぶっだ》に尋《たず》ねる」という試み

「仏陀に伺《うかが》いたい」というリクエストに応《こた》える

大川隆法　二〇一八年の「エル・カンターレ祭」●での法話《ほうわ》は、「奇跡《きせき》を起こす力」という演題を頂《いただ》いているので、講演会の前に、「サンプルとして、歴史上、奇跡を起こした人のなかで、どなたか話を聞きたい人はいますか」というかたちで、総合本部に質問を

●二〇一八年の「エル・カンターレ祭」　2018年12月11日、千葉県・幕張《まくはり》メッセ国際展示場にて開催。法話「奇跡を起こす力」は、『鋼鉄の法』（幸福の科学出版刊）所収。

投げかけました。

すると、まったく思ってもいなかった人の名前が出てきて、「ゴータマ・シッダールタ、仏陀《ぶっだ》でお願いします」という返事だったので、「えっ!?」という感じでした。私は、「派手《はで》に何かをやった人の名前が来るかな」と思っていたのですが、「仏陀」ということだったのです。

もし、仏陀が奇跡の存在を否定したら、どうするのでしょうか（会場笑）。仏陀が、「そんなものはありえない」などと言ったら、エル・カンターレ祭の演題を変更《へんこう》するのでしょうか。

実際、小乗《しょうじょう》仏教系には、そうした奇跡のようなものを認めない傾向《けいこう》がありますし、現代の仏教学者たちが書いたもののなかには、史料のなかから「ありえない」と思うものを全部省《はぶ》いていき、残ったものだけをつなげて、仏陀を〝普通《ふつう》の人〟のように書いてあるものもあります。現代的解釈《かいしゃく》では、奇跡をほとんど否定しているものも多いと思うのです。

奇跡を霊的《れいてき》にスパッと信じられる人と、信じられない人と、両方がいるようで、「信じられない人のほうが、学者としては優秀《ゆうしゅう》だ」と思われがちなようではあるので、これが、今の学問の持つ難しさではないかと思います。

文部科学省も、「科学だけがあればよい。文系の学問は要《い》らない」というようなことまで言っていて、少し難しいところはあるでしょう。

ただ、宗教のなかには、どうしても奇跡がたくさん出てくるのです。そのなかには、誇大視《こだいし》して書いたものもあれば、後世《こうせい》、話を膨《ふく》らませて書いたものもあるでしょうから、全部が全部、信じられるものではないとは思いますが、「奇跡がまったくない」とも言えません。

現代に起きてきた新宗教をいろいろと見ても、何らかの「神秘現象」があって起きているところのほうが、やはり多いだろうと思います。もちろん、詐欺《さぎ》まがいのことをやっているところも一部にはあるでしょうが、何らかの「霊的現象」等を伴《ともな》って起きているもののほうが多いのではないかと思うのです。

法話《ほうわ》「奇跡を起こす力」の指導霊《しどうれい》はヘルメス

大川隆法　（質問者に）今日は、どういう趣旨《しゅし》で仏陀を上げてきたのですか？　仏陀が奇跡を肯定《こうてい》すると思って、聞こうとしているのでしょう

●ヘルメス　約4300年前のギリシャに生まれ、「愛」と「発展」の教えを説いて西洋文明の源流をつくった英雄。地球神エル・カンターレの分身の1人。ケリューケイオンの杖《つえ》を持ち、さまざまな奇跡を起こした。『愛は風の如《ごと》く』（全4巻。幸福の科学出版刊）等参照。

か?

斎藤 「仏陀の起こされた奇跡」の真意を、ぜひ学びたいと思っております。

大川隆法 ああ、そうですか。「奇跡を起こす力」の法話《ほうわ》の指導霊《しどうれい》としては、ヘルメスを予定しているので、これだと、魂《たましい》の兄弟たちの〝分裂《ぶんれつ》〟を目指しているようにも感じられます(会場笑)。

斎藤 めっそうもございません。

●魂の兄弟たちの…… 仏陀とヘルメスは共に、地球神エル・カンターレの分身の1人である。『太陽の法』(幸福の科学出版刊)等参照。

大川隆法　それとも、「ヘルメスが大ぼらを吹《ふ》いてはいけない。まず、ここで食い止めておこう」という感じなのでしょうか。

あるいは、メディア文化事業局は、これから魔《ま》法使《ほうつか》い関連のことを膨らませていくつもりでいるに違《ちが》いないので、法指導の側としては、「楔《くさび》を打っておかないといけない。『ここから外には出てはならない』というようなものを、先に打っておきたい」という願いがあるのでしょうか。

映画などであれば、面白《おもしろ》ければ面白いほどいいわけなので、世間《せけん》ではそういうものがどんどん増えていますが、このあたりのところに関しては、加減が難しいのです。

今回の霊言《れいげん》がどのようなものになるかは分からない

大川隆法　まあ、仏陀の機嫌《きげん》によって、やや上下するかと思います。厳しめのものと、緩《ゆる》く、「いいんじゃない？」という感じのものと、両方があるかもしれません。

今日は、機嫌がよいほうではないかもしれないので、すみませんけれども、その場合には諦《あきら》めてください。「●『大死一番経《だいしいちばんきょう》』を学びに日光精舎《にっこうしょうじゃ》へ行け」という感じになった場合には、許してください。

仏陀の説法《せっぽう》を見ると、すごく頑《かたく》なに、頑固《がんこ》に、ガーンとすっ飛ばすような説法をしている場合もあります。

●『大死一番経』を学びに……　「大死一番経」は、幸福の科学の参拝・研修施設であり、総本山四精舎の１つである総本山・日光精舎（栃木県・日光市）限定の祈願。禅的一喝《ぜんてきいっかつ》で過去の自分と決別し、真実の人生を生きることを誓う。

例えば、（斎藤に）あなたのようなお坊《ぼう》さんが宇宙の秘密について訊《き》いても、まったく相手にせず、「そんなものは、おまえには関係がない」としてポーンと蹴《け》っ飛ばし、「心の垢《あか》を落とせ」というほうに持っていった場合もありました。

また、仏陀は、「死んだ人は救われるか」と問われて、「石は池に沈《しず》み、油は池に浮《う》く。死者も同じだ。善行《ぜんこう》を積んだ者は天上界《てんじょうかい》に上がり、悪行《あくぎょう》を積んだ者は地獄《じごく》に堕《お》ちる。何の祈《いの》りも通じない」というようなことを平気で言ったこともあります。この話は、『阿含経《あごんきょう》』に出ています。

そのような場合には、機嫌が悪いのだろうと思います（笑）。機嫌のよいときには、おそらく、そうは言わないだろうと思うのですが、訊いてきた人が、「自分の罪を、いっぺんにパーンと消してくれるのではないか」と思っているような感じで来た場合には、そのように言う可能性はあるでしょうね。

宗教にはそういう人もいるので、即身成仏《そくしんじょうぶつ》系の、「簡単に上がりたい」という感じの人に対しては、そういう言い方もするのかもしれません。

「対機《たいき》説法」とはいっても、いろいろと相手によって説き方は違うので、（質問者が）このメンバーで来たとなると、どのような説き方になるか、私には分かりません。斎藤さんに対しては否定的に、村田さんに対しては、うーん……、これも分かりません。綾織さんに対しては、ジャーナリスティックに答えるかもしれないので、分からないのです。

今日のご機嫌次第《しだい》では、場合によっては来週の説法の演題が変更になる場合もあります。「奇跡は起きません」と言われたら、それで終わりになるでしょう。

それでは、ゴータマ・シッダールタを呼んで、
ご質問にお答えしようと思います。
（合掌《がっしょう》・瞑目《めいもく》し）南無《なむ》ゴータマ・シッダールタ、
金剛遍照《こんごうへんじょう》。
南無仏陀、金剛遍照。
あまねく光を照らしたまえ。

（約十五秒間の沈黙《ちんもく》）

仏陀が数多くの説法《せっぽう》を行った霊鷲山《りょうじゅせん》

2 仏陀の前では獰猛《どうもう》な動物がおとなしくなる

洞窟《どうくつ》で「巨大《きょだい》コブラ」を従わせた仏陀

仏陀　うん。

斎藤　仏陀よ。本日は、ご指導の機会を賜《たまわ》りましたことに、心より感謝申し上げます。

仏陀　うん。

斎藤　二〇一三年七月に、「大川隆法の守護《しゅご》霊霊《れいれい》言《げん》」を賜って以来、日々、ご指導いただいておりますことに感謝申し上げます。

本日は、仏陀が「奇跡《きせき》」というものをどのようにご覧になっているのか、「仏陀の奇跡観」について学ばせていただきたいと思っております。

仏陀　うん。

斎藤　仏陀は、生前から実在世界の存在を肯定《こうてい》されており、「梵天勧請《ぼんてんかんじょう》」

●「大川隆法の守護霊霊言」　『大川隆法の守護霊霊言』（幸福の科学出版刊）参照。

●梵天勧請　釈尊が悟りを開いたあと、天上界の梵天から、「衆生《しゅじょう》のために法を説いてください」と請《こ》われたこと。

や「施論《せろん》・戒論《かいろん》・生天論《しょうてんろん》」等、さまざまな教えでそのことをお示しくださいました。おかげさまで、私たちは、あの世の実在を信じ、「仏《ぶっ》・法《ぽう》・僧《そう》」の三宝《さんぽう》に帰依《きえ》し、精進《しょうじん》に精進を重ねて自助努力の道を歩ませていただいております。

本日は、その上で、「目に見えない世界」と「奇跡」との関係について、ぜひ学びを深めたいと思っています。

仏陀　うん。

斎藤　まず、仏伝《ぶつでん》を改めて読ませていただきますと、仏陀におかれましては、大悟《たいご》なされて以来、大きな「神変《じんぺん》」と申しますか、霊的な「奇

●施論・戒論・生天論　「布《ふ》施《せ》の習慣があり(施論)、戒律を守って生きたならば(戒論)、天国に還ることができる(生天論)」という在《ざい》家《け》修行者向けの教え。

跡」を体現なされていると思います。

特に、初期のころにおいては、初転法輪《しょてんぼうりん》の後《のち》、●カーシャパ三兄弟の長《ちょう》兄《けい》に一泊《ぱく》の宿を得られたときのことが有名です。そのとき、仏陀は、なんと毒蛇《どくへび》がいるような、あるいは、伝説的には、火を噴《ふ》く火龍《かりゅう》がいるような危険な洞窟《どうくつ》に導かれ、そこにお一人でお泊《と》まりになりました。

そして、私たちが学んでいるところでは、巨大《きょだい》毒蛇を前にして、それを従わせ、まったくの無傷でその洞窟を出られたため、カーシャパ三兄弟の長兄の、百二十歳《さい》ともいわれた人が、当時、三十五歳ぐらいの若き仏陀に帰依なされました。

まず、初期の時代に、そうした「神変」と申しますか、「奇跡」を、ご指導の一環《いっかん》としてなされたと思いますが、そのあたりにつきまして、

●**カーシャパ三兄弟**　マガダ国で火祀《ひまつ》りをしていたバラモン僧の三兄弟。長男のウルヴィルヴァー・カーシャパは仏陀の折伏《しゃくぶく》により帰依《きえ》し出家、弟子500人もあとに続いた。さらに、次男のナーディ・カーシャパと弟子300人、三男のガーヤー・カーシャパと弟子200人も出家したことで、仏陀教団は急速に拡大し、その名が知れ渡った。

「仏陀として発展していかれるなかで、どのように奇跡が転じられていったのか」を教えていただきたいと思います。

仏陀　うーん。まあ、火を噴く龍の話は伝説的なものもあるので、そのまま肯定するわけにはいかないけれども、カーシャパ三兄弟が「火を焚《た》く行《ぎょう》」をやっていたのでね。

斎藤　はい。

仏陀　〝火の行者《ぎょうじゃ》〟であったから、「火をいろいろ使う」ということで有名であったので、それとの連合もあるだろうけれどもね。

「毒龍」というのは……。まあ、インドの場合、「龍」というのは「蛇」とほとんど同じであることが多いのだけれども、実際は「巨大なコブラ」と考えてよいでしょう。

ただ、私は、当時、動物たちと話ができたのでね。

斎藤　動物たちと話ができた？

仏陀　うん、うん。話ができたので。

まあ、彼ら（カーシャパ三兄弟）にはそれだけの能力がなかったんだろうけど。だから、洞窟に閉じ込《とこ》めて毒蛇《どくじゃ》で脅《おど》そうとしたんだろうけど、私は動物と話ができたので、話しかけたら、おとなしくなってしまったということだね。

コブラは、体を横に広げて立ち上がれば、すごく大きくなりますけれども、これは、骨をね、あばらを広げて大きく見せて、相手を威嚇《いかく》するやり方ですよね。ダーッと二メートル、三メートル（の高さ）にもなりますけれども。それを収めてしまって、とぐろを巻けば小さくなるわね。

そういうわけで、普通《ふつう》は、他流試合に来た者などは、そこに泊まらせて毒蛇に噛《か》ませるか、あるいは、それを怖《こわ》がって逃《に》げて帰るか、どちらかになるので、それで試《ため》すということだよね。

だから、「毒蛇と同じところに泊める」と聞いて逃げて帰る人あり、頑張《がんば》って、噛み殺される者あり、戦闘《せんとう》する者あり、まあ、いろいろというところだけど、「試練」の一つかな。

コブラは龍神《りゅうじん》と同一視され、「仏教の守護神《しゅごしん》」となった

仏陀　また、毒蛇の試練のあとのことですが、実はカーシャパ三兄弟の場合、特に長兄のウルヴィルヴァー・カーシャパは、「火を使う行」をやっていたんです。

今は、「護摩《ごま》焚き」のかたちで護摩を焚く行が仏教のなかにも入っていて、やられてはいるけど、これは、「火で浄化《じょうか》する」という昔のバラモンの修法《しゅうほう》ですね。まあ、この世の死体を焼く場合もありますけれども。

そういうことで、「火を神聖化する考え方」が伝統的にバラモンのなかにはあったわけで、火をよく使っていた。

それで、ときには、火の行者としては、今もインドに遺《のこ》っているように、まだ、火を噴いているぐらいの焼けた石の上を素足《すあし》で歩いたりするヨーガの行があるけど、そんなものもやっていたようであるから、要するに、「〝蛇攻《ぜ》め〟〝火攻め〟という洗礼《せんれい》を受けさせる」ということであったのかなとは思うがね。

動物については、私の場合は話ができたので、平和的に話をすれば、みんなおとなしくなってくれるし、後には、コブラもまた、「仏教の守《しゅ》護神《ごしん》」に変わっているぐらいであって。

竹林精舎《ちくりんしょうじゃ》やブッダガヤあたりには、コブラが蓮《はす》の葉のように体を開いて、瞑想《めいそう》している仏陀の雨避《あまよ》けをしている像が建っているように、蛇は中国のあたりで、伝説的には龍神《りゅうじん》と化して、「仏教を護《まも》る守護神にもなっている」という話はあります。だから、泊まったのはそのとおりですけれども、「害することはできなかった」ということですね。

火を噴く蛇がいたわけではないけれども、そのあと、「火による試し」は、まだほかにもあったということです。まあ、総合的に、今のようなかたちで遺っているのかとは思うけれどもね。

実際に、「暴《あば》れる巨象《きょぞう》」をおとなしくさせた

斎藤　幸福の科学のアニメ映画におきましても、動物をおとなしくさせた仏陀のご巡錫《じゅんしゃく》のシーンがございます。

「当時、ナーラギリという非常に凶暴《きょうぼう》な巨象《きょぞう》がおり、通りをどんどん進んで、多くの人を傷つけるような暴走をしているときに、仏陀がその目の前に止まられてパッと手をかざすと、その象は、頭を下げて礼拝《らいはい》したというか、跪《ひざまず》いた」というような話も、当会の映画には出ていますが、そのときも、似たような同通をされたのでしょうか。

仏陀　ああ、それは、動物たちはみんな、

巨象ナーラギリの暴走をなだめる仏陀（映画「黄金の法」〔製作総指揮・大川隆法、2003年公開〕より）。

話しかければおとなしくなりますから。

何か「恐怖《きょうふ》」しているんですよね。「威嚇《いかく》」しているとは思ってはいけないのであって、恐怖しているので。だから、その「恐怖心」を取り除いてやれば、おとなしくなるんです。だから、話しかけるわけですね。話しかけて……。

斎藤　心のなかで？

仏陀　そう。話しかければ、彼らに声が聞こえてくるから、そのときに、びっくりして止まるわけですね。

斎藤　はあ……。

仏陀　酔象《すいぞう》の例はよく出ますけれども、そのように、「実際に象をおとなしくさせた」という例はあります。それも同じですけどね。

象が人を脅す場合、前足を上げて襲《おそ》いかかってくる。それは、〝暴《あば》れ馬〟の代わりに〝暴れ象〟というのがいて、そういうものを使う者もいたことはいたんです。

ただ、象も犬と同じで、相手に対して敬意を表《ひょう》したり、なついたりすると、「伏《ふ》せ」のかたちになって、人が上にまたがれるように、体を沈《しず》めて横になるかたちを取る。だから、「ご主人と間違《まちが》う」ということです。そのようなかたちになるということですね。

これは、心のなかで話をすれば通じることですから。

3　仏陀の悟《さと》りと霊的《れいてき》パワーについて

仏陀には、「この世」と「あの世」はどう見えているのか

斎藤　当時、「●六大神通力《ろくだいじんつうりき》」のすべてを兼《か》ね備えておられた仏陀におかれましては、やはり、「目に見えない世界との交流」というのは、毎日毎日、いろいろなところで行われていたのでしょうか。

仏陀　うーん……。〝目に見えない世界〟という言い方がよく分からな

●六大神通力　仏陀（悟りたる者）に特有の超人的な能力。天眼《てんげん》、天耳《てんに》、他心《たしん》、宿命《しゅくみょう》、神足《じんそく》、漏尽《ろじん》の6つがある。『太陽の法』（前掲）参照。

いんですけどね。すべては〝見えている世界〟なので。

斎藤　あっ、すべては〝見えている世界〟なんですね。

仏陀　うーん。〝目に見えない世界〟というのは、ちょっと分かりにくい。私には分かりにくい言い方です。

斎藤　ああ……。「ただ、二つの世界に同時に存在していて、それをコントロールして生きていくという道である」ということでしょうか。

仏陀　うーん……。コントロールしているつもりはないですね。コントロールしているのではなくて……。

まあ、あなたがたは、水族館だと、ガラスの外側からしか魚を見られないと思っているんでしょうけれども、私の場合だと、水のなかを歩いているようなものですから。

斎藤　はあ……。

仏陀　だから、あなたがたには、そういう〝ガラス〟という分け隔《へだ》てがあるんでしょう？　世界に。

斎藤　はい。ございます。

仏陀　●三次元と四次元以降の世界に〝ガラスの厚い板〟があって、超《こ》えられないんでしょう？　お互《たが》いね。

斎藤　はい。

仏陀　視《み》ることはできる人もいるかもしれないけれども、超えられない。だから、別の世界だと思っている。

私の場合は、〝世界の境目がない〟ので、いながら水槽《すいそう》のなかに入っていくような感じになりますから。あるいは、それよりもっと上の世界まで入っていくので。ちょっと、価値観は違《ちが》うかもしれませんね。

●三次元と四次元以降の……　この世界は多次元構造となっており、「この世」である「三次元世界」と、「あの世」である「四次元以降の世界」に分かれ、霊人は各人の魂《たましい》の悟りや心境に応じた次元に住んでいる。

「聖水」を使って疫病《えきびょう》の町を鎮静《ちんせい》化した仏陀

斎藤　続いて質問させていただきます。仏伝《ぶつでん》に遺《のこ》っている仏陀の奇跡《きせき》・神変《じんぺん》のなかで、人々の胸に飛び込《こ》んで、その心に大きく残っているお話としては、次のようなものがあります。

「仏陀がヴァイシャーリーという町に行かれたとき、ペストのような疫病《えきびょう》がものすごく蔓延《まんえん》していて、町は壊滅《かいめつ》的な打撃《だげき》を受けていた。

そのように、多くの死者が出たときに、仏陀は、『ぜひ来てください』と請《こ》われ、絶望的な町に自《みずか》ら乗り込まれた。

すると、仏陀が町の城門の敷居《しきい》を踏《ふ》まれたとたんに病魔《びょうま》が退散し、そのあと、弟子《でし》のアーナンダ等に、いろいろな偈《げ》を覚えさせて述べさせたら、完全に疫病が鎮静《ちんせい》化した」というような伝説的な内容が、仏伝に遺っています。

そのように、細菌《さいきん》等に対しても、戒《いまし》めといいますか、退散の念波《ねんぱ》を出して浄化《じょうか》するということはありえるのでしょうか。

仏陀　疫病などの場合は、ほとんど、雲霞《うんか》のごとく、大量の邪霊《じゃれい》というか、そういうものが町を襲《おそ》っていることのほうが多いので。やっぱり、これは「悪霊《あくれい》退散」になりますね。

儀式《ぎしき》的にはそうなりますけれども、一人の憑依《ひょうい》霊を取るのとは違って、かなり大きな数になります。町ごと浄化しなければいけないので、普通《ふつう》ではないことをやらなくてはいけませんね。
もちろん、「呪文《じゅもん》」も使いますけれども、キリスト教に先立ちて、「聖水」の考え方を出しているのだと思います。
一人ひとりを浄化していくには、ちょっと間に合いませんので、「水を汲《く》んできなさい」ということで水を汲んでこさせて、水を並べてね。樽《たる》とか桶《おけ》とかに汲んできた水を並べさせてね。これに呪文を唱《とな》えて、「聖水のパワー」を与《あた》えるんですよ。

斎藤　はい。

仏陀　「浄化のパワー」を与えて、「これで、それぞれの穢《けが》れたところを清《きよ》めてこい」ということでね。この「仏陀の威神力《いじんりき》を宿した聖水」をかけられると、やっぱり、そうした邪霊系統のものが退散するということはありますね。

水は「霊的パワー」を入れると聖水になる

仏陀　今も、神社の前とかもそうですけど、いろいろなところで打ち水をしたりするとは思います。「お清めの水」ですね。

やはり、薬のない時代ですので、方便《ほうべん》的に、「水に霊的パワーを宿らせる」ということはあります。

幸福の科学も、実は始まる前には、それをやったことがあるんですけどね。

病気を治してほしくて来ているような人がいて、いちいち病気を治すのも大変なので、ポリタンクに水を入れて持ってくる人がいたりして、それにパワーを入れたりするような……。一九八六年から八七年ぐらいのときですかね。それを持って帰って飲んでいる方がいたことはありますが、教団が大きくなるにつれて、ちょっと誤解が生じる恐《おそ》れがあるので、やめたことはあるんですけれども。

実際上、「水」というのはパワーを入れることは可能で、そういうものが宿りやすい媒体《ばいたい》ではあるんですね。

今は、たぶん、水の研究で、水の粒子《りゅうし》というか、そういうものを特殊《とくしゅ》な写真で撮《と》って、その結晶《けっしょう》が変わったりするのを捉《とら》えているシーンがあると思いますが、水の形が変わるんですね。組成の形が変わってくるものがあるんです。仏陀の力をもってすれば、それは「聖水」に変えることができます。

キリスト教にも聖水はありますが、今のバチカンの聖水が効いているかどうかは、私は知りません。ただ、イエス・キリストがいたときであれば、聖水は当然つくれたと思います。霊的パワーを入れれば宿りますので。水は非常に宿りやすい媒体です。

幸福の科学では、何割かのレベルで「奇跡《きせき》」は起きる

斎藤　幸福の科学では、「『過去清算の秘法《ひほう》』――特別灌頂《かんじょう》――」という

●「『過去清算の秘法』―特別灌頂―」
幸福の科学の精舎《しょうじゃ》で受けることができる特別な宗教儀式の1つ。仏の偉大なる「罪を許す力」によって、過去の罪を清算するために行われる。

秘儀を主《しゅ》からお許しいただいており、先日、私も受けさせていただきましたが、やはり、聖水を後頭部に頂《いただ》きました。

この「過去清算の秘法」は、特に悪霊退散のための宗教儀式ではないのですが、そうした別の目的のときにも、「聖なる水が、それを受けた人の心のなかに浸透《しんとう》して、邪霊系統のものが祓《はら》われる」ということはあるのでしょうか。

仏陀 「ルルドの泉」なども、そうなのではないですか。

ただ、病気が治った例が少なすぎるので、あの比率では、ちょっと、「奇跡《きせき》」と言えるかどうか……。

●ルルドの泉 南フランスのルルドにある泉。1858年、少女ベルナデットが聖母マリアの姿を目撃。その言葉に従い、洞窟《どうくつ》内を掘ると泉が湧き出し、その水を飲む者に病気が治る奇跡が続出した。治癒《ちゆ》者は7000人とも言われるが、公式に奇跡と認定されている例は70件しかない。

斎藤　ああ……。

仏陀　何百万もの人が、毎年来ているんでしょう？　何百万もの人が来て、今まで「奇跡」と認定された例は百例も超えないのではないかと思いますが、あの比率ではちょっと少なすぎると思いますね。

幸福の科学であれば、「百万単位の人が来て、奇跡が一、二件起きるのみ」というようなことはないと思いますね。もちろん、全部が全部は起こらないでしょうけれども、何割かのレベルぐらいまでは起きるのではないですかね。今だったらね。

斎藤　はい。

仏陀　それは、初代（大川隆法総裁）がいますからね。別の時代は知りませんよ。ずっと後《のち》の弟子の時代は、「どの程度の信《しん》仰心《こうしん》があって、どの程度、そういう神秘力を信じているか」にもよるから、それはあれですけれども。「信じる力」があれば、それは病気は治せますわね。

三次元の法則を破る「悟りの功徳《くどく》」

村田　貴重な機会を賜《たまわ》り、まことにありがとうございます。

仏陀　うん。

村田　今のお話との関連で、「奇跡」について、お伺《うかが》いいたします。

この世の目から見ると「奇跡」であっても、「霊的なパワー」であるとか、「霊的世界に対する正しい認識」であるとか、そういったものを前提にすることによって、ある意味で、奇跡が奇跡でなくなるようにも思います。

その意味で、「縁起《えんぎ》の理法《りほう》と奇跡との関係」ということを考えますと、やはり、「奇跡」というものも、「縁起の理法のなか、原因・結果の法則の連鎖《れんさ》のなかにある」と捉《とら》えさせていただいてよろしいものでしょうか。

仏陀　うーん、だから、自分を「三次元の住人だ」と思っている人には、三次元的に起きるようにしか起きないだろうね。

「自分は三次元的住人ではなくて、悟りを開きたる人間であって、阿《あ》羅漢《らかん》以上の悟りを持っている」と思う人にとっては、その人の今までの「修行《しゅぎょう》」と「悟り」相応のものが起こせるであろうし、それ以上の使命を持っている人には、それだけのものが起こせるようになるだろうね。

だから、（手元の資料を指して）ここには書かれていないようだけれども、例えば、私が最初に菩提樹下《ぼだいじゅげ》で悟りを開いたころの話として、「スジャーターから乳粥《ちちがゆ》の供養《くよう》を受けたあとに、お椀《わん》などを川で洗ったら、そのお椀は、川の流れで川下《かわしも》に行かないで、川上《かわかみ》に向かって上《のぼ》っていった」という奇跡が、仏典《ぶってん》のなかには書かれていますね。

それは、三次元においては、自然界の法則に反しています。川の上《うえ》に置けば、木のお椀は下《しも》に向かって流れるはずですよね。それに逆《さか》らって、上に向かってお椀が上っていっている奇跡が書かれています。

まあ、これは、たぶん、映画になっていると思いますけれども、それは、書かれているものがあるからですね。

これが示しているものは何かというと、結局、「悟りの功徳《くどく》というのは、三次元の法則を一部破ることになる」ということです。

だから、三次元では、「医者がこう言った」とか、「科学者がこう言った」とか、そうしたことをいろいろな人が言いますけれども、それは三次元での話であって、四次元以降の悟りを得ている者、あるいは、その世界に同通している者にとっては、「いわゆる三次元の法則と思うものが、異次元の法則下に置かれる場合もありえる」ということですね。

例えば、人よりも速く瞬間移動《しゅんかん》ができれば、「消えて、現れて」というようなことが起きるようにも見えるでしょうね。

あるいは、もし、時間を巻き戻《もど》すことができる人間がいたとしたら、その原因行為《こうい》まで修正してしまうことができますから、例えば、火事で家が燃えているということであれば、火事が起きる前の段階に戻って、それを消すことはできますね。

ただ、そういうことができる人の例は、地上に降りている人間としては、すごく稀《まれ》にしかありません。ただ、「宇宙レベル」になりますと、そういうことができる人は、かなり増えてくると思います。

「時間」も「空間」も観念のなかにある

村田　今、「宇宙」というお言葉が出ましたけれども、この夏、特に、●御法話《ごほうわ》「宇宙時代の幕開け」を頂いて後《のち》、宇宙からの働きかけ、あるいは宇宙へのコンタクト、「●ＵＦＯリーディング」等が頻繁《ひんぱん》になされるようになってきています。これも、本当にありえないような「奇跡」だと思います。

今後、このような新たな活動をお支えしていくためには、どのようなところに気をつけていけばよいのでしょうか。

●御法話「宇宙時代の幕開け」　2018年7月4日、埼玉県・さいたまスーパーアリーナにて開催された御生誕祭の法話。『青銅の法』（幸福の科学出版刊）所収。

仏陀　先ほど、水族館のたとえをしましたけれども、あなたがたには、水のなかと水の外側をはっきりと隔《へだ》てる〝ガラスの厚い板〟があってね、行き来できないことになってはいるんだけれども、私たちというか、まあ、私が話をする仲間のレベルになりますと、「時間」も「空間」も、あなたがたが思っているようなものではないんですよ。まったくそういうものではない。

むしろ、「時間」や「空間」は、私たちがつ

●「UFOリーディング」等が……　『UFOリーディングⅠ』『UFOリーディングⅡ』『「UFOリーディング」写真集』（いずれも幸福の科学出版刊）等参照。

くり出しているものなので。まあ、そういうところかな。

例えば、映画のＤＶＤのディスク等がありますよね？　そのなかの一時間ぐらいたったところでの映像があるとする。私たちから見れば、「このディスクのこの点が、その映像に当たるところだ」というのが分かるわけですね。だから、そこだけを再現しようとしたらできるわけです。だけど、普通《ふつう》の人にとっては、最初から回して一時間待たないと、そこには差し掛《か》からないということがあるわけです。

そうした、「認識によって、時間・空間が超越《ちょうえつ》されることがある」ということです。

もし、それができなかったら、ここでも、数多く「過去世《かこぜ》リーディング」や「未来リーディング」などをやっていると思うけれども、そんなの、できるわけがないでしょう。空間を超えられなかったら、「宇宙人リーディング」とか、そういうものもありえないはずですよ。時間も空間も超えられるんですよ。

あなたがたは、どうしてもこの世的に見て、ジェット機だとか、そんなようなもので飛んでいくぐらいにしか考えないから、それ以上行かないんだけれども、そういうものではなくて、逆に、「時間や空間は観念のなかにある」という見方なんです。こちらの「思い」。

だから、その「思い」で、時間にも、「開《ひら》け！」と言ったときに、巻《まき》紙《がみ》をサーッと転がしたように、この地球の時間が流れていく。ザーッとそのまま流れていく。「閉《と》じよ！」と言ったら、ザザザザーッと巻物《まきもの》に戻ってくる。こういう時間。それが四方八方にできるわけなんですよね。

だから、どこの空間でも、どこの時間でも、もう手のなかに全部あるんですよ。

それが「仏陀の悟り」なんですが、それは、なかなか、余人をもって到達《とうたつ》することは不可能です。比喩《ひゆ》で教える以外にない。ただ、ここで「現象」として数多くやっているもののなかから、その原理がそういうものであるということを悟っていただきたい。

そうでなければ、なぜ、「三億年以上も昔がこうであった」ということを再現して語ることができるか。なぜ、二百万光年も離《はな》れた星において行われたことの話ができるか。それが、いったい、いつの時代であるかさえ分からないはずでしょう。それが全部分かる。これは、「仏陀の悟り」なんですよ。

これを、貧弱なレベルでの悟りを得た弟子《でし》が記録したとしても、やはり、レベル的には、かなり平板《へいばん》なものにならざるをえないでしょうね。

特に、初期の数百年は、お経《きょう》として書いたものではなく、口頭で述べ伝えられていたものですので。「貝葉経《ばいようきょう》」という、笹のような形の葉に筆記されるようになるのは何百年か後《のち》のことになっています。

それまでは口頭で悟りが伝えられていたから、「理解できる範囲《はんい》」というのが、だんだん、「その人が聞き取れるレベルの範囲」になっていったのでしょうね。

村田　ありがとうございます。

4　この世の中は「神秘」と「奇跡《きせき》」に満ちている

奇跡に満ち満ちたところを、毎日発見していく

綾織　ご指導まことにありがとうございます。

今、「時間・空間を超《こ》えていく」というお話や、「神秘力を信じる力によって奇跡《きせき》が起きてくる」というお話を頂《いただ》きました。

そこで、私たち弟子《でし》の立場として、「神秘力を信じる力」を高めていくためのポイントは何でしょうか。

仏陀　それは、考え方を少し改められたほうがよいと思いますね。

「神秘力を高める」といったことではなくて、「この世の中は神秘に満ちている」ということを、もう少し発見なされたほうがいいです。

すべてのものが神秘に満ちているんですよ。いろんなものが、ありえない奇跡に満ち満ちているんですよ。それを、毎日発見なされるといい。そうすると、今まで見えなかったものが見えてくるようになるから。

例えば、ここに水があったとして、これは「H_2O」という元素記号で書かれ、「水素」と「酸素」でできていることになっているけれども、水素と酸素だったら、これは、刺激《しげき》を与《あた》えれば燃えるものですよね。水素は酸素で燃やされて、ここから炎《ほのお》が立ったって構わないものが、この水自体は「炎を消す力」を持っている。

これ自体でも、もう奇跡ですよね。炎として燃えることもできる素質を持っておりながら、それを消すこともできる。

また、この水がなければ、生き物は生きていけないということも分かっている。

それから、生き物が生きていくためには、空気のなかに酸素というものがなければいけないことになっているけれども、この酸素が溶《と》け込《こ》んだ水というのは、初期の魚類たちにとっては猛毒《もうどく》であったという事実もあったわけです。「自分には毒であったものを、自分にとって欠くことのできないものに変えていく」という、そういう変化もあるわけですね。

あるいは、妊娠《にんしん》や出産、子供たちの成長、動物たちの生きていく姿等を見ても、あらゆるものが奇跡に満ち満ちているわけです。

例えば、「上野《うえの》のパンダが竹を食べて、体に脂肪《しぼう》をいっぱいつくって、白と黒の毛をつくる」というのもそうです。

竹を差し込めば、白い織物、黒い織物、あるいは、肉体、脂肪、骨、こんなものをつくれる機械があったら、それはノーベル賞を超えていると思いますが、現代のどんな科学をもってしても、こんなものはありはしない。しかし、パンダに生まれれば、何事もなく、それができるようになっている。

あなたがたの体もそうですね。あなたがたの体は、動物たちよりも、もうちょっと繊細《せんさい》で不自由かもしれませんがね。牛のように芝生《しばふ》を食べてミルクを出すこともできないだろうし、蛇《へび》のように川の水を飲んで毒をつくることも、たぶんできないでしょう。

しかし、それができるものもいるということです。

不思議ですよね。そうした毒を持った蛇を、豚《ぶた》は食べて消化してしまう。そして、まったくその毒の影響《えいきょう》を受けない。人間がそれをやったら、たぶん大変なことになるでしょうね。

「この世の中は、本当に奇跡に満ち満ちているんだ」ということを、その「奇跡に満ち満ちたところ」を、もっともっと、毎日、発見して見ていく目を磨《みが》いていけば、奇跡を感じやすくなって、そして、「奇跡をどこかで見つけよう」という気持ちではなく、「今、奇跡のなかを自分が生きているんだ」ということが分かるようになってきます。

「生かされている自分」を発見すること自体が悟《さと》り

仏陀　奇跡でないもののほうが少ないんです。数少ないということです。例えば、今、私は、この建物のなかで話をしています。この建物は、おそらく二十年余り前にはなかったものです。そして、百年後に建っているとは、私も思いません。建て替《か》えられているか、別のところに移築されているか、それは分かりませんけれども、そうした、もともとなかったところに、今、建物があって、あなたがたは座《すわ》って話を聴《き》いている。

そして、ここで話されたことは「映像」や「活字」になって遺《のこ》る。でも、百年後には、たぶん、この建物はなく、別のかたちのものになっているでしょう。

だけど、「東五反田《ひがしごたんだ》（幸福の科学総合本部）で、仏陀が降臨《こうりん》し、話をして、その内容が伝えられている。そして、そこにあったものは、百年後には何もない。生きている人も、もういない。しかし、それは真実だったのだろうか」という話になるわけですね。それは奇跡であったのか。現実だったのか。そういう話に、たぶんなっていくでしょうね。

だから、もっと違《ちが》った目で見られると、「すべてが神秘に満ちている」というようになる。

これはね、よく、山岳修行《さんがくしゅぎょう》とか、いろいろなところで修行される方もいますけれども、それ自体は、この世的には昔のものに見えますが、そうした自然のなかで、物欲を断《た》って、ギリギリの修行をしている人のなかに、神経が研《と》ぎ澄《す》まされて、今まで見えなかったものが見えるようになる人がいっぱい出てくることは、現実にはあるんですね。

だから、言葉としては、「あなたがたは生きているのではなく、生かされている存在だ」ということを言われているけれども、実はこれ自体が悟《さと》りであって、本当は、「自分が生かされている」ということの意味が分かるところまで行くのは、簡単なことではありません。道徳的な徳目として、そう感じることのほうがほとんどですね。

綾織　ありがとうございます。

科学では解明できない「最大の奇跡」とは

綾織　こうしてお話を伺《うかが》っていますと、仏教というのは、本当に神秘や奇跡に満ちているということが分かりました。

これは、「神秘や奇跡のなかに生きているのだ」ということを発見し続けることが、その人間の人生や運命をまったく変えていく力になっていくというように理解してよいのでしょうか。

仏陀　少なくとも「最大の奇跡」が……。あなたがたに魂《たましい》なるものが存在して、霊天上界《れいてんじょうかい》に存在していたものが、赤ちゃんの小さな体のなかに宿って、そして、人間として生まれ、育って、何十年かの人生を生きて、また、あの世に還《かえ》って、天上界なり地獄界《じごくかい》なり、いろいろな霊界《れいかい》体験をする。こんな仕組みがあるということ自体が「最大の奇跡」で、こんなことをよくつくれたなと、やはり思うべきです。

今の人たちは「信じない」と言うけれども、こんな仕組みがつくれるかといっても、つくれるものではないですよ。

だから、この仕組みを悟ること自体が、神仏の本当のご本心というか、存在を知ることと一緒《いっしょ》になる。

「すべてのものに魂が宿っている」なんていうことを考えること自体が、今の科学においては不可能なことなんですよね。誰《だれ》も解明できない。

より多く捨てた者ほど、より多く与《あた》えられる

綾織　私たちは、心の力によって、未来を変えていったり、人生を変えていったりすることをお教えいただいていますが、そうした「奇跡の発見」「神秘の発見」ということを、自分自身の心の力に変えていくためのポイントは、何かありますでしょうか。

仏陀　まあ、「より多く捨てた者ほど、より多く与《あた》えられる」ことにはなるでしょう。

すなわち、本来、三次元ではない世界から来ているあなたがたである

わけですが、この世に生きているうちに、〝三次元百パーセントの人間〟に、だんだん変わっていくのです。それに近づいていきます。

その「三次元的な思い」や「執着《しゅうちゃく》」をどれだけ捨てられたかによって、あなたがたは「三次元以降の世界の力」を得ることができるようになるでしょう。実は、こういう意味での仏教修行というのはあったのですが、まだ、かたちは遺れども、その心は、十分には伝え切れていないように思いますね。

だから、あなたが何かを得ようとしているのなら、「あなたは何を捨てましたか」ということが問われなければならない。

この三次元に生きていくかぎり、何一つ捨てるものはなく、この三次元の、「あるもの」をあるがままに受け、その、「ある法則」のままに生きれば、それでよいわけです。もちろん、そのなかでの「因果《いんが》の理法《りほう》」だって、当然あるでしょう。

しかし、それを超えた「思いの世界」において、違った自己実現なり、未来計画なり、あるいは他の人への影響なりを考えたいと思うならば、「自分が、三次元において人間として生き、当然ながら執着し、当然ながら実在だと思っているものを、どれだけ捨てられるか」ということが問題になりますね。

「与えられている」と知ればこそ、「与える」ことを悟る

綾織　「捨てる」ということで言うと、やはり「与える愛」の部分が関

係してくると思いますが、奇跡や神秘などを発見していくなかで、与える愛の実践《じっせん》の意味合いというのは、また大きく変わっていくかと思います。「奇跡や神秘」と「与える愛」との関係を、お教えいただければと思います。

仏陀　はい。だから、基本的にね、先ほどから申し上げていますように、この肉体のなかに魂が宿っている、一人前の魂が宿っているわけですね。魂が肉体に宿る。まあ、父母《ちちはは》の力もあって、生まれることができて、人間としての修行を許された。だから、生まれたときに、もうすでに与えられているわけですね。人間として生きることが許されている。

そうした、「魂が肉体に宿って、この世で生きているんだ」という、その仕組みを知るということは、これは、「自分がどれだけ与えられた存在か」ということを知ることになる。いっぱいいっぱい与えられた存在であるからこそ、「これを少しでも、他の人たちに分け与えていかなければいけない」という気持ちがあるわけです。

だから、神仏の創られた世界に、自分は生かされている存在である。「生かされている」と考えるということは、「頂いている」ということです。「頂いている」と感じるから、「生かされている」と感じる。「生かされている」と感じるから、「他の人のために尽《つ》くそう」という気持ちが起きてくる。「この世の中に、スプーン一杯《ぱい》だけの力でもよいから、何かを加えて、世の中をよくしていきたい」と思うようになる。

これが「与える」ということになるわけですね。「与えられていること」を知ればこそ、「与える」ということを悟るようになる。

ただ、「与えれば、その分だけ自分が偉《えら》くなれる」というふうに考えるなら、これは間違いで、「与えられているからこそ、与えることを悟らねばならない」わけですね。

これは、いくら法則的に教わったとしても、もし、「三次元的な自己の像」というものを認識して生きていて、自分が、よりよき出世とか、収入とか、地位、名誉《めいよ》、その他、異性等を得るために、まずは、撒《ま》き餌《え》のように餌《えさ》を撒いて、人を呼んでいるつもりでやっているなら、その考え方には間違いがあるということですね。

だから、三次元的人間が、自分の立身出世やその他を願って、「こういうふうにすれば、こういう法則で、うまいこと出世ができる」とか、

「地位が得られる」とか、「お金が集まる」とかいうことばかりを考えているなら、かたちは似せていても、だんだん少しずつズレていくことになって、最終的には本末転倒《ほんまつてんとう》になることが多いと思う。

その地位にあぐらをかき、あるいは、その財力にあぐらをかくことによって、転落し、地獄への導き手になることだってあるはずです。

今の時代に人間として生まれていることの奇跡

斎藤　今の教えを聴きまして、「感謝」というものが、非常に不思議な、深い奇跡のように感じられてまいりました。やはり、「感謝」というもの、「与えられていることの発見」は、奇跡につながっていくというか、あるいは「感謝」そのものが奇跡なのでしょうか。

仏陀　「今の時代に人間として生まれて、こうして修行させていただいて、そして、生業《なりわい》を立てられる」ということ自体が、もう、奇跡なんです。

そして、僧職者《そうしょくしゃ》でありながら、家を持っている方もいらっしゃる。あるいは、アパート、マンション、その他に住んでいる方もいらっしゃるし、家族を持っている方もいらっしゃるし、子育てをしている方だっていらっしゃる。「普通《ふつう》の人間と同じような生き方もさせてもらいながら、そして、まだ修行ができている」なんていうことも、ありがたすぎる奇跡でありましょうね。

だから、現実には、頂くばかりで、「お返し」というのは、ほとんどできてはいないんですよね。

あなたのような仕事を取ってしてみても、「勉強して、知識を集積する。だんだん、ガラクタのように、いろんなものが溜《た》まってはくる。だけれども、そのなかから、本当に珠玉《しゅぎょく》の智慧《ちえ》を人々に与えられているかどうか」というと、智慧も与えてはいるが、ガラクタも同時に吐《は》き出している可能性もないわけではないよね。

だから、このへんのところが、「自分の人生を生かし切れているかどうか」ということになるだろうね。

出発点を考えれば、みんな与えられて、「与えられすぎている」と考えるならば、「感謝の人生」もありだし、もちろん、「人を生かしたり、人のために尽くす人生」、「世の中にユートピアができるように努力しようとする人生」も、これは論理的に引き出されていく「結果」であって、これこそが、別の意味での「因果の理法」そのものなんですよ。

5　殺人鬼《き》アングリマーラを回心《えしん》させた奇跡《きせき》

「仏陀の言葉一つ」で反省したアングリマーラ

斎藤　心境と奇跡《きせき》につきまして、一つ、お聞かせいただきたい、ご指導いただきたいことがございます。

「執着《しゅうちゃく》と奇跡」という観点で考えたときに、仏《ぶっ》弟子《でし》たちの心に残る話として、アングリマーラのお話がございます。

『アングリマーラ
罪と許しの物語』
（大川紫央著、
幸福の科学出版刊）

仏陀　うん。

斎藤　アングリマーラは、九十九人、もしくは九百九十九人という説もございますが、人を殺し、その指を斬《き》っては首にぶら下げるような、間《ま》違《ちが》った外道修行《げどうしゅぎょう》に入りました。そして、最後に母親を殺そうと思っていたときに、そのことを知った仏陀が、アングリマーラを行かせまいとして、彼のもとに向かいます。

するとアングリマーラが、いくら刀を振《ふ》り上げて、仏陀を斬ろうとしても、仏陀は滑《すべ》るようにスススッと動いてしまい、追いつけないわけです。

「おかしいな」と思ったアングリマーラが、「止まれーっ！」と言うと、仏陀は、「私は止まっている。動いているのは、おまえのほうだ」と言って諭《さと》し、アングリマーラはびっくりして、そこで回心《えしん》をしたというお話がございます。

この「執着を断《た》たせた奇跡」というものを、私たちは、経典《きょうてん》『大悟《たいご》の法』（幸福の科学出版刊）等から、心のなかの宝物として学んでおります。

仏陀が、そうした執着している人間に対して行《おこな》った、「心に対する奇跡」というものは、どのようなものだったのかを、ぜひ、お聞かせいただければと存じます。

仏陀　その話はね、禅宗《ぜんしゅう》の始まりとして捉《とら》えら

『大悟の法』
（幸福の科学出版刊）

れることのほうが多いんですよね。「言葉によって、一喝《いっかつ》で人を諭す」という、禅の始まりというふうにも捉えられているんですね。

「私は動いていない」と言っている仏陀は、実は歩いてはいるわけですから、それが、「私は動いていない」と言ったので、アングリマーラは、一瞬怯《いっしゅんひる》んで、意味が分からなくなった。「動いているのは、おまえのほうだ」と言われて、これが禅の一転語《いってんご》に近い言葉だったんですね。

結局、「おまえの心が立ち騒《さわ》いでいるのであって、私の心は凪《な》いでいる。私の心は一点に止まって、何ら執《と》われるところはないかたちで存在しているのに、おまえの心は、人を殺す、殺《あや》めるということに向かって、もう猛《たけ》り狂《くる》ったライオンのように動いている」と言っているわけですね。その心のありさまを見抜《みぬ》いて、言葉でそれを切り裂《さ》いているわけです。

これが、禅の一転語による、禅問答《もんどう》の始まりとも捉えられることですね。

だから、彼に教えたかったことは、「本当は、人殺しを続けているおまえ自身は、殺しても殺しても、満たされない心でいっぱいのはずで、ライオンや虎《とら》のようになって、人を襲《おそ》い続けて、襲いかかっては人を殺すということをやっているけれども、獰猛《どうもう》な虎を自分の心のなかに飼っているのだ」と。

要するに、その虎の獰猛さを捉えて、「動いているのは、おまえのほうだ」と言っているわけですね。「私の心は澄《す》み切っていて、そういうものとは一緒《いっしょ》の世界には住んではいない」と言っているわけです。

アングリマーラは、そのとき、どこまでの悟《さと》りが得られたかは別だけれども、これは史実として遺《のこ》っていることなので。町の人たちを恐怖《きょうふ》に陥《おとしい》れていた、殺人をやっていたような者が、「仏陀の言葉一つ」で反省し、懺悔《ざんげ》し、そして、剃髪《ていはつ》して、教団に入れられているということなので、僧侶《そうりょ》であっても、短い言葉一つで、人の刀を斬り伏《ふ》せて、髪《かみ》を剃《そ》らせてしまうだけの力があるということですね。

まあ、これは、禅を修行したときに出てくるような、「胆力《たんりょく》」に似たようなものですけどね。

禅的修行《ぜんてきしゅぎょう》で鍛《きた》えられる、剣《けん》の達人のような境地

仏陀　そういう言い方もあれば、あるいは、剣《けん》の名人なんかになれば、

もう、「刀さえ要《い》らない」という人もいますわね。

だから、斬ろうとしても斬れない。名人になると斬れない。なぜ斬れないかというと、相手が打ってくる先が、もう読めているからですよね。まるで霊能力《れいのうりょく》か何かのように、刀の動きが全部読めていて、動いてくるよりも先に体が動いているから、斬れない。どうしても斬れない。

こういうことは、実際にあることです。実力に差があればね。

宮本武蔵《みやもとむさし》とか、そういう人たちも、そういうふうに言われてはおりますけどね。本当に強くなったら、もう、剣が要らなくなったり、いわゆる、「無刀取《むとうど》り」の境地に達したりするようになりますわね。

宗教修行《しゅぎょう》のなかで、特に、禅的《ぜんてき》な、禅宗的な面の部分には、そうした胆力や気合い、念力《ねんりき》を鍛《きた》える面がございますから、斬ろうと思ったって斬れなくなるし、あるいは、振りかかったところで、素手《すで》でもって、どうすることもできないようにもなるということ。剣の達人と同じようにもなるということもありますね。

私自身も、王になるべく、幼少時から、剣の修行はずいぶん積んではきていたわけですけれども、もちろん、そういうものは捨てて、出家《しゅっけ》修行を、山中にて、あるいは林のなかでしてきて、悟りを開いた者ではあって。そういう、「剣をもって自分を護《まも》る」という生き方から、「剣以上の力のある精神的な力でもって、相手の殺気を封印《ふういん》してしまうだけの禅《ぜん》機《き》といいますか、禅定力《ぜんじょうりき》というものを持つに至っていた」ということですね。

これは、宗教的に言えば、仏教でなくても、「気」を使うものとかも現代でもあるから、あなたがたも、それはご存じだろうと思いますね。「気」だけで相手を投げ飛ばしてしまったり、寄せつけなくなったりするような力を出す人はいますよね。そういうことは、できるようにはなるので。

一芸を極《きわ》めた者には「人生の真実」が見えるようになる

仏陀　物事は何でもそうですが、「達人級」まで行くと、もう打ち込《こ》む隙《すき》がなくなってくるものです。

それは、宗教修行だけではなくて、ある種の職人芸的に「名人の域」まで達した人には、みんな似たようなところがあります。まあ、一つの方面から見るわけだけれども、「人生の達人」として、心を見透《みす》かしてしまうようなところがあります。

ですから、相手の心を見透かしてしまって、その本質をズバッと言い当てたときに、相手が邪《よこしま》な心でもって近づいていた場合、それを実現することができなくなるということが、現実にはありますね。

斎藤　それは、「会った瞬間に、その心を見つめて〝見抜く〟」ということでしょうか。

仏陀　そうですね。「分かってしまう」ということは、あらゆる業種において起きることです。

例えば、写真家でもそうだと思うんですよ。数多く、何十年も写真を撮《と》り続けていて、名人級になってきたら、人の表情から、周りから、景色から、いろんなものが見えてくるはずです。同じように、動物の気持ちから、人間の心の内まで分かるはずです。

絵を描《か》いても分かるはずです。小説の道を歩んだ作家であろうと、詩人であろうと同じです。

音楽家であっても同じです。ほかの人には聞こえない音が聞こえてくるはずです。ほかの人たちの〝心の調べ〟が聞こえるはずです。〝その人が奏《かな》でている音楽〟が聞こえる。だから、大勢がいる部屋のなかに、〝不調和な音楽〟を奏でる人が一人入ったら、それだけで分かるようになってくる。

こういう、ある種の超能力《ちょうのうりょく》に近いものではあるのですが、職人として
でも、そう有害なものではない仕事、世の中の役に立つ仕事で一芸を極《きわ》
めた者には、やっぱり、「人生の真実」が見えるようになってはきます
ね。

だから、世間《せけん》の人たちの、お坊《ぼう》さんたちに対する尊敬も、実は、そう
いう「人生を指南《しなん》できる力」のところに集まっていたわけで、それが今、
すごく衰《おとろ》えているがために、出家への尊敬の念が薄《うす》れて、生活にも厳し
さが増しているということだろうと思いますね。

自分の器《うつわ》を満たせば、光は外に溢《あふ》れ出す

村田　今のお話は、大きな意味での「感化力」というようにも括《くく》れるかと思いますが、私たちも、いろいろな活動、あるいは修行《しゅぎょう》の局面で、そうした感化力を発揮していきたいと思っているところがございます。

これを、今おっしゃったような方向で、少しでも磨《みが》いていくために、どのようなかたちで修行をしていけばよいのか、何かしらの指針やヒントを頂《いただ》けますと幸いでございます。

仏陀　うーん……。まあ、（机上《きじょう》のコップに水を注ぐしぐさをしながら）

ここに水を注いで、コップいっぱいに溢《あふ》れた場合は、周りに漏《も》れ出しますね。

だから、あなたがたが、「自分自身を満たすために、どの程度の修行が必要か」というのは、それぞれの器《うつわ》相応にあります。自分の器を満たすだけの修行をやった場合には、光は外に溢れ出してくるようになりますね。

「感化力」というのは、感化力そのものを求めなくとも、自分の器から溢れてき始めたら、周りの人に影響《えいきょう》は出てき始めます。その影響が大きく流れ出してくれば、それはまた、一つの「宗教の磁場《じば》」になって出来上がってくるというか、大勢の弟子《でし》を養わなければいけないような立場に立つこともあるということですね。

だから、あくまでも、やはり、まずは自分自身の心のなかに、そうした「人格の力」を十分になるまで溜《た》めていくことが大事で、それは、自然に流れ出していくようになる。

そして、その流れ出してきたものが「感化力」になるわけだけれども、周りの人たちが、それを分かるようになって、それに感化されて、影響され、変化してき始める。そうすると、自然に、師弟《してい》の順序ができたり、あるいは、ついていこうとする人たちが出てくるわけですね。

まあ、そう意図してやるべきものではありませんけれども。

ただ、思いの方向が違っている人の場合は、感化力を与《あた》えているようでありながら、〝人の心を毒して〟いることになるので。「人の心を毒するかたちでの感化力」を発揮している人の場合には、それは、先ほど言った「因果《いんが》の理法《りほう》」ではないけれども、「人生の帰結《きけつ》として、それなりの報《むく》いは、自分にかかってくることになるだろうな」というふうに思います。

村田　今、おっしゃったことについて、「その方向性が間違っているか、いないか」というところを、どのようにしたら自分で気づいていけるのでしょうか。

仏陀　水が溢れてきて、周りに溢れてくる。ほかの人に影響が出てきますが、それが毒水であったならば、それはだんだんに分かってくるわね。それは、飲んだ人は、毒水であることは分かってくるわね。毒水か、あるいは泥水《どろみず》であった場合は、それは、「そうだ」と分かってくるわね。

村田　なるほど。

仏陀　「喉《のど》が渇《かわ》いたから水を飲もうとしたが、泥水であったか。毒水であったか」。そういうことは分かってくるわね。

だから、時間に差はあるかもしれないけれども、一定の時間の流れのなかに、それは確実に分かってくることだね。これは変えられないもので。

まあ、「因果応報の理《り》」は、今世《こんぜ》で完結しなければ、来世《らいせ》まで含《ふく》めて、必ず完結はします。

村田　はい。ありがとうございます。

6　仏教における奇跡《きせき》の考え方

「指月《しがつ》のたとえ」――すべては自分に起因《きいん》する

綾織　各宗教における、「奇跡《きせき》についての考え方」の違《ちが》いのようなところについてお伺《うかが》いします。

キリスト教は、「復活」ということも含《ふく》めて、「奇跡」を非常に重視する宗教だと思います。一方で、今日、お話をお伺いしていると、仏教もまた、「神秘」「奇跡」に満ちている宗教であると思うのですが、「仏教における、神秘や奇跡の位置づけ」というのは、やはり、「心の法則といったものに帰結《きけつ》してくる」というところであり、そういう違いがあると理解してよろしいでしょうか。

仏陀　仏教における……、まあ、教えは多岐《たき》にわたっていますから、一《いち》概《がい》に言うことは難しい。

ただ、「自分自身の心のあり方が、死後の世界の行き先と連動している」と、はっきりと説き切った宗教は、仏教以外にはないですね。

キリスト教もそこまで説き切れてはいない。キリスト教の場合には、「教会の門をくぐれば天国に行ける」というような言い方もしていますね。あるいは、「イエスを信じるだけで天国に行ける」とも言っている。

それは、確かに入り口ではあるけれども、仏教的にはそうではありませんね。

仏教の教えは、「指月《しがつ》のたとえ」というふうに、満月が空《そら》にかかっていて、仏陀である私は、その満月を指さして、指し示すことはできるけれども、その満月を見るのは一人ひとりであって、あなたが見るか見ないかは自由である。

満月がかかっていても、そして、私がそれを指し示すことができたとしても、それを見ない、あえて見ない人もいるわけです。この世の中にはたくさんいます。現代には、半分以上、そういう人たちがいるし、あるいは宗教をやっている者でも、宗派《しゅうは》が違ったり、教祖が違う教えを受けていたりすれば、そこにある満月を見ることができない人はいっぱいいる。その満月を見ることができなかった人に、「満月とは何か」を、私は教えることができない。

そういう意味では、「すべて自分に起因《きいん》するもの」として捉《とら》えられている。

だから、「天国、地獄《じごく》がなぜあるのか。仏陀やキリスト、あるいは、そうした神仏が巨大《きょだい》な威神力《いじんりき》を持っているなら、地獄なんか一瞬《いっしゅん》にしてなくして、全員、天国に上げればよいではないか」と言うかもしれませんけれども、キリスト教では、それについてはっきりとした教えは説かれていないし、仏教でも、他力門《たりきもん》のなかでは十分に説かれてはいないかもしれない。

信仰《しんこう》は必要ですが、「月を見るか、見ないか」は、やはり、各人の自覚によるものであって、「真理」を示しても、それを見ない者、見ようとしない者、目をつむる者は救えない。これについては、「自己責任」は残っているということ。

だから、その意味で、「あなたがた弟子《でし》たちの、伝道という仕事があるのだ」ということですね。

月を見ようとしない者はいる。しかし、やはり、「その月は、あなた自身の目で見てください。真理というのは、味わってみて、実行してみて初めて分かるものです」ということを教えなくてはならないわけですね。

逆を言う方はいるはずです。「真実の仏陀の教えであるならば、放っておいたって、そんなものは、地球七十数億人に広がるはずで、広がらなかったら偽物《にせもの》だ」というような、逆説的なことを言う人も、当然いるだろうと思います。

しかし、それに乗るわけにはいかないのであって、「真実というものは、ありがたいものであるから、それは自分の目で見なさい」と、「そのときに、本当に意味が分かりますから」と。

いくら解説を受けても、目を開かなかった者にとっては、その満月の意味は分からないのだということですね。

ここは、「仏教の一線の部分」であって、キリスト教とも明らかに違っているものですし、ユダヤ教とも違っているのはここで、「ユダヤ人として生まれたからこそ、みんな救われる。選ばれし民《たみ》だ」ということはないわけです。

「宗教の正邪《せいじゃ》」を判定する基準とは

綾織　来週行われるエル・カンターレ祭におきまして、大川隆法総裁より、「奇跡を起こす力」という御法話《ごほうわ》を頂《いただ》くことになっています。「仏教における奇跡」と「幸福の科学における奇跡」の違いについて、私たちが教えていただけるものというのはありますでしょうか。

仏陀　（幸福の科学では）ほかの宗教をも含んだ教えが説かれてはおりますから、仏教一元《いちげん》で、すべてが括《くく》れるようなものではないだろうとは思いますけどね。

仏教のなかには、「教学」がけっこうあるし、「修行論《しゅぎょうろん》」がかなりありますのでね。「教学」と「修行論」が強い分だけ、ある意味での「信仰論」が弱くなっている面もあることはあります。

それから、「神秘力」をあまり感じない学者たちが、文献《ぶんけん》のみによって仏教を理解しようとして解釈《かいしゃく》しているものがありますので、そういうものには、〝神秘力を弱める力〟が非常に非常に強いところがあると思いますね。

だから、ある意味では、実体験しなければならないし、あらゆる宗教にとっての正邪《せいじゃ》の判定は……。

要するに、発生している理由ですね。あらゆる宗教が発生している理由は、やはり、「この世を去ったあとに、行き場に困って迷っている霊《れい》たち、先祖たち、同僚《どうりょう》たち、同胞《どうほう》たちが救われないと、彼ら自身も苦しいし、遺《のこ》された者にも彼らが障《さわ》りをいろいろ起こしている」という現実があるということですよね。

この現実を知った宗教は、何らかのかたちで「救済」を考えるようになるわけです。

このへんで、強い意味での「エクソシスト論」も出てくるかもしれないし、柔《やわ》らかい意味での「諭《さと》し、導く」というやり方もあるかもしれませんし、「自分自身の徳力を増すことによって、家族内の不成仏《ふじょうぶつ》霊を成仏させる」という力も働くかもしれません。

あらゆる宗教を秤《はかり》にかけて正邪を簡単に分かつとしたら、「そうした不成仏の者、悪霊《あくれい》、悪霊《あくりょう》となっている者を悟《さと》りの世界に導けるか。あるいは、地獄に堕《お》ちている者を、何とか人間的な心境まで導くことができるかどうか」。こういうところが、「宗教として、現在、実効性を持っているか、実効力を持っているか」の、あるいは、「正邪」の判定がなされるところであろうと思いますね。

正しい教えであり、心ある人が聖職者として修行をしているところであるならば、遅《おそ》い早いはあれども、そういう効果はあるはずです。「それがあるか、ないか」ということは言えましょうね。

「邪見《じゃけん》」を正していくためには

仏陀　今も、新宗教はいろいろあるけれども、ある程度、「神の光」を降ろせるところもあれば、逆に、「悪魔《あくま》の生産工場」になっているところも、おそらくはあるでしょう。「それを感じ取れるかどうか」というのは大きいところでしょうね。

真実に目覚めた者にとっては、間違ったものを感じ取ることは容易ではあるけれども、間違ったものにどっぷりと浸《つ》かっている者にとっては、そこから抜《ぬ》け出して真実のものまで届くのは、おそらく、そんなに簡単なことではないと思います。

それが「邪見《じゃけん》」の問題になってきますね。

「邪見を正していくためには、どうするか」ということですが、やはり、「正見《しょうけん》」をしている人たちが、自《みずか》らの身をもって、人生の記録をみなさまにお見せするしかないわけです。「自分の人生そのものが、いわゆる『後世《こうせい》への最大遺物《さいだいいぶつ》』になるべく努力する」ということですね。

そういう、「正しく、そして、勇気のある人生を生きること」が大事だし、「善悪を峻別《しゅんべつ》して、善を取って、悪を取り除く努力をすること」が大事だということになります。

7　『観無量寿経《かんむりょうじゅきょう》』の阿闍世《あじゃせ》王の物語に学ぶ教訓

全世界からの祈《いの》りの声を聞いている大川隆法

斎藤　そうした「救済力」をつけるために、ぜひ学ばせていただきたいと思うお話があります。先ほどは「自力門《じりきもん》の禅《ぜん》」のお話でしたが、今度は「他力門《たりきもん》」の切り口となるかもしれません。

「浄土三部経《じょうどさんぶきょう》」の一つである『観無量寿経《かんむりょうじゅきょう》』には阿闍世《あじゃせ》（アジャータシャトル）の物語があります。

仏陀在世《ざいせ》時、マガダ国の王子である阿闍世が、父であるビンビサーラ王を幽閉《ゆうへい》して、餓死《がし》させようとしていました。

また、王を助けようとした王妃《おうひ》が自分の体に蜂蜜《はちみつ》やバターなどを塗《ぬ》って、幽閉されている王に食べさせていたことを知った阿闍世は、自分の母である王妃も、父に次いで幽閉してしまったのです。

困った王妃が仏陀に祈《いの》ると、その状況《じょうきょう》を把握《はあく》された仏陀が、霊鷲山《りょうじゅせん》のほうから、弟子《でし》のマハーマウドガリヤーヤナ（大目連《だいもくれん》）などを伴《ともな》って、空中浮揚《ふよう》をして空中を飛んできて、幽閉されている阿闍世の母の眼前《がんぜん》に現れ、牢屋《ろうや》のなかに降り立って説教したというお話も、経文《きょうもん》に遺《のこ》っています。

こうしたことを見ると、苦しんでいる人を救う際、「奇跡《きせき》を使いながら伝道していく」というか、六大神通力《ろくだいじんつうりき》の発現をしながら魂《たましい》を救うようなスタイル、神秘の力を使った伝道もあると思います。

私たち仏弟子《ぶつでし》はそうした能力がまだまだ低いのですが、先ほどの事例を参考にすると、「神秘パワーで伝道していく」というようなことも必要になってくると思いますので、そのあたりの心構え等がございましたら、教えていただければ幸いです。

仏陀　まあ、それは〝日常茶飯事《さはんじ》〟にやっていることですね。

斎藤　〝日常茶飯事〟ですか。

仏陀　ええ。大川総裁のところにだって、今、全世界から祈りが来ています。「祈り」「祈願《きがん》」、それから「瞑想《めいそう》」のなかでの念《おも》い。信者からも、信者でない者からも、いろいろな念いや祈りは集まってきています。

基本的には、その全部を受け付けていますから、もう、ものすごい活動量になりますね。だから、千手千眼菩薩《せんじゅせんげんぼさつ》どころではないですね。

全世界の人たちの苦しみの声や悲しみの声が聞こえていますし、仏陀に祈る心や、仏陀でなくとも神に祈る声、その他、造物主に祈る声、救済仏に祈る声、いろいろなものを全部聞いています。

彼らのなかには、仏陀の霊姿《れいし》を視《み》る人もいますが、声が聞こえる場合もあるし、あるいは、現実として奇跡が現れる場合もあります。

ブラジルの人が祈ったとして、その声が、「東京にいる仏陀」に届かないわけではないので、聞こえているんです、ちゃんと。それに対するリアクションは、必ず行われています。

あるいは、亡《な》くなる間際《まぎわ》に呼んでいる方もいらっしゃいます。その声が聞こえていないわけではないんです。

地位の高い人のなかにも、親不孝者や悪人はいる

仏陀　先ほどの、お経のなかの話は、「幽閉された韋提希夫人《いだいけぶにん》のところに、仏陀が空中を飛んで現れた」「仏陀が獄中《ごくちゅう》に現れて説教をする」という話ですよね。
韋提希夫人が大いなる信仰者《しんこうしゃ》であったために、一生懸命《いっしょうけんめい》、牢屋のなか

で祈っていたら、やはり、仏陀の霊姿がありありと視えてきたわけですね。そして、説教をされる声が聞こえてきたという話ではあるわけです。（韋提希夫人は）「何ゆえに、そのような親不孝な息子《むすこ》を生んだか」ということを嘆《なげ》いているわけですね。だけど、世の中には親不孝者は満ちているんですよ。満ち満ちているわけでしてね。

そして、今の、ある国の国王とか皇帝《こうてい》に当たるような人たちは、そういう地位にあることについて、「前世《ぜんせ》で善業《ぜんごう》を積んだから、今、特別な地位にあるのは当たり前のことだ。庶民《しょみん》の人たちは、徳が少なかったから、今、そう生まれているのだ」というカースト的なものを、ある種のカルマ、業の話として、現状肯定《こうてい》するかたちで使っていると思われますけれども、「王族に生まれても、こうした悪人がありうる」ということが、「浄土三部経」のなかには、ある意味で示されているわけですね。

これは、実は当たり前のことで、そうした権力で、人を殺すことも自由にできれば、税金を取り上げる権力もある。金銀財宝を自分の好きなように使える権力もある。あるいは、自分の母親であっても牢獄に閉《と》じ込《こ》めることができる。そういった暴虐《ぼうぎゃく》の限りを尽《つ》くしても、誰《だれ》も諫《いさ》めることができない。

こういうことが現実にある。

地位の高い人が転落すると、悪魔《あくま》の手先になりやすい

仏陀　それからね、「偉大《いだい》な他力の教え」が出てきてはいるわけだけれ

ども、「韋提希夫人を救う」という方向だけで考えるのは不十分であって、「地位やお金や名誉《めいよ》がある人であっても、この世では、地獄の悪魔《あくま》さながらに振《ふ》る舞《ま》うこともあるのだ」ということも知らなくてはいけない。

だから、「自分たちに地位があったり、権力があったりするから、仏《ぶっ》法《ぽう》が届かない」なんていうわけではないのであって、むしろ、そういう立場にあればあるほど、人間は転落し、悪魔の手先になりやすい。

要するに、その人が「殺せ」と命じただけで、大勢の人を政治犯として一斉《いっせい》に殺せるような立場に立ったら、人は、〝悪魔になる断崖絶壁《だんがいぜっぺき》スレスレ〟のところに立っているのと同じですから。

無慈悲《むじひ》な心を起こせば、必ず、そういうことになる。恐怖《きょうふ》をもって人を支配しようとする者は、悪魔と同通し、生きながら悪魔となる。そして、悪行《あくぎょう》の限りを尽くすことになる。最後には、自分の母親でさえ、憂《う》き目に遭《あ》わせ、信仰心に溢《あふ》れる母親でも刑務所《けいむしょ》（独房《どくぼう》）に入れてしまうようなことがある。

まあ、そんなことが言えるわけですよね。

あるいは、父親に対しても、そういうことをする人もいますね。

韋提希夫人の前は、最初は父王だったのではないかと思うけれどもね、捕《と》らわれたのは。それで、何とかして、「王が死なないように」ということで、バターとか蜂蜜とか小麦粉とか、そういうものを体に塗って、面会に行っているときに、それを食料代わりに供給して。

そして、父親のほうがなかなか死なないので、「おかしいな」と思って、見張りに訊《き》いたところ、実は母親がそういうことをしていたと知って、母まで幽閉してしまう話ですね、阿闍世という悪王がね。

斎藤　はい。

仏陀　これは、王の地位を簒奪《さんだつ》したかたちですよね。

父王は仏教の帰依者《きえしゃ》ですけれども、その王の地位を簒奪して、さらに、食糧を与《あた》えられていなかった王が死なないように、助けていた母親まで幽閉してしまった。

そして、母親まで殺そうとしたけれども、大臣に進言されて、「歴史上、父を殺した王というのはたくさんいますけれども、いまだ、母を殺した王というのは聞いたことがありません。そこまでやって、悪王として世に名を遺すべきではありません」と言われて、諫められる話ですよね。最後は、その阿闍世王も、仏陀に帰依することになるわけですけれどもね。

このように、「地位の高下《こうげ》」と「仏教的修行《しゅぎょう》の進み具合《ぐあい》」とが、必ずしも一緒《いっしょ》ではない。

仏陀の神通力《じんつうりき》が解き明かした「因果《いんが》の理法《りほう》」

仏陀　あるいは、仏陀に帰依していたからといって、一切《いっさい》の、そうした、悪王になるべき王子の復讐心《ふくしゅうしん》から、この世的には護《まも》られるわけでもない場合もあって、すべて「因果《いんが》の理法《りほう》」なんですよね。

それは、阿闍世が生まれるときに、その原因行為《こうい》があったからですね。両親が願掛《がんか》けをしても、なかなか跡継《あとつ》ぎが生まれないので、王が占《うらな》い師に訊いたところ、「実は、ある山の仙人《せんにん》が、三年後ぐらいに亡くなって、そのあと王子として生まれ変わることになっています」と言うので、早く王子に生まれ変わってもらいたい王は、部下を派遣《はけん》して、その修行者を殺《あや》めてしまう。その後、（阿闍世が）転生《てんしょう》して生まれてきた。

また、阿闍世は、自分が両親に心から愛されていないように感じるけれども、その理由が分からなかった。

実は彼は指が曲がっていたのですが、それは、「息子が成長した暁《あかつき》には、父王と母親を殺すことになるであろう」という予言をする仙人が出てきたので、両親は、「そんな子供だったら、いっそ捨てたほうがいい」と、赤ちゃんのときに高いところから投げ捨てたんですね。けれども、途中《とちゅう》の木に引っ掛かって、そのときに指が曲がってしまった。

そうした「阿闍世の指が曲がっていた理由」が、あとから明かされるわけですね。そして、自分を殺そうとした両親、前世の自分を殺してまで生まれ変わらせようとした両親に復讐心を抱《いだ》いて、阿闍世は両親を幽閉して、殺そうとするわけです。

やはり、こういう「因果の理法」があって、親に復讐をする。「阿闍世」という名前のなかにも、「未生怨《みしょうおん》」「生まれる前の怨《うら》み」という意味もあったと思いますが、そうした、「転生輪廻《りんね》の秘密」まで入っていて、「子が親に復讐をするのには、そういう前世の報《むく》いが実はあったのだ」という話も付いている。

「信仰深い両親が、何ゆえにそういう目に遭うか」ということだけれども、「子供欲《ほ》しさに、修行者を殺めてしまった過去があったために、そうなった」という、まあ、このへんは、仏陀の神通力《じんつうりき》で解き明かした謎《なぞ》でありましょう。

人生の深みをもって理解すべき「他力《たりき》による救済」

仏陀　まあ、（阿闍世も）最後には、仏陀に帰依はしておりますけれどもね。
このへんのなかから、「偉大な他力《たりき》による救済」だけではなく、やはり、「この世の人間の感情や意志の力によって、善悪がいろいろと立ち現れてくる」ということを知らなければいけないと思いますね。

今、身分があるから罪を犯《おか》さないわけでもなく、身分があるから名誉もあり、尊い人の行為だと、全部が見なされるわけでもない。

「仏法真理《ぶっぽうしんり》に反しているか否《いな》かということは、やはり、長い目で見て、すべてつじつまが合うようになっているのだ」と

阿闍世が仏陀に帰依するシーン(映画「黄金の法」〔製作総指揮・大川隆法、2003年公開〕より)。

いうことを知ったほうがいいし、「恨《うら》みをもって恨みを返しても、救われることはない」ということですね。「恨みを許すことによって初めて、恨みは消えるのだ」ということを説いているわけです。

だから、他力門も安易に考えすぎないで、「人生の深みをもって理解をしなければいけない」ということを知ってほしいと思いますね。

実際に仏陀の姿が視《み》え、導きの声が聞こえることもある

仏陀　まあ、今、言ったのは、仏陀が牢中《ろうちゅう》になぜ現れたかということですが、実際上、幽体離脱《ゆうたいりだつ》したように、仏陀の姿が視《み》えて、説法《せっぽう》を聴いていたのは事実です。それだけ熱心な信者であれば、仏陀はその眼前に現

れて説くことはございます。

おそらくは、教団の高弟《こうてい》たちのなかでも、精舎《しょうじゃ》とか自宅とかで読経《どきょう》をし、瞑想している間に、仏陀の姿が視えたり、声が聞こえたりすることはあるだろうと思いますし、導きの声が聞こえることもあるだろうと思いますね。

こういうふうに、いくらでも、分光《ぶんこう》に分光を重ねて大勢の人を救うだけの力は、本当は持っているのですが、その救済の力のなかには、「この世的な因果の理法として、認めてよいものと、認めるべきでないもの」、あるいは、「今はまだ、そのときではないもの」等、いろいろ考え方が加わる場合があります。

8　「明日《あした》死んでもいい」と思って生きよ

神々の言葉を真っ当に正視して受け止めよ

綾織　今年（二〇一八年）の二月に、●ラ・ムー様の霊言《れいげん》を賜《たまわ》りました。そのときに、「神々の言葉を当たり前に頂《いただ》けると思ったら間違《まちが》いである」というようなご指導を頂きました。

やはり、今回の霊言もそうだと思うのですが、

●ラ・ムー様の霊言　『公開霊言 超古代文明ムーの大王 ラ・ムーの本心』（幸福の科学出版刊）参照。

●何百、何千という霊言、神々の言葉を賜ることの奇跡《きせき》、また、神々のなかの神である、地球神エル・カンターレに出会うことの奇跡について、もし、私たちの認識に不十分なところがあれば、釈尊《しゃくそん》のお言葉でご指導を頂きたいと思います。

仏陀　まあ、それは不十分でしょうね、どう見てもね。

だから、初期のころは霊言集等が出ていても、本を読んだ人、ほぼ全員が会員になったんじゃないですか。定期的に買っているぐらいの方は、ほぼ全員が会員になったのではないかと思いますが、現在、「伝道をした」と称《しょう》して増えている会員、信者のなかには、説法《せっぽう》を聴《き》かず、本を読まず、霊言も読まずに済ませている方はたくさんいらっしゃるんじゃゃな

●何百、何千という……　2009年以降に収録された「公開霊言」は1000回を突破し、書籍化された「公開霊言シリーズ」も550書を超える（2020年5月時点）。

いでしょうかね。

そういう意味において、「裾野《すその》は広がったけれども、中身は薄《うす》くなっている」というのが現実ではないでしょうか。

たいへん残念です。普通《ふつう》の雑本《ざっぽん》に紛《まぎ》れてしまったり、場合によっては、仏法真理《ぶっぽうしんり》と正反対の内容を書いてある本が、年間、数多く読まれたりすることもあるし、そういうものが映画になって広がっているものもあって、正反対のもののほうが、むしろ、この世ではびこっているように見えることもあります。

ですから、教団のなかにいる者でも、「そちらのほうが芸術性が高くて、人々は受け入れるものだ」というふうに理解する者もいますね。地獄《じごく》的なもののほうがヒットするということだってあるわけで、そちらに負けているように思って、そちらのほうに心が動く者も、なかにはいます。

このへんは、現代の世の中が「新しい真理」を受け入れて、軌道《きどう》を修正するまでに時間がかかりますが、その前に、「軌道を修正しないで、〝新しい隕石《いんせき》のような教え〟を弾《はじ》いてしまおうとしている力」も働いてはいるのかなというふうに思います。

だから、おそらくは、信者として活動している人たちも、「もう世間《せけん》にあれこれと干渉《かんしょう》し、影響《えいきょう》を与《あた》えるのではなく、自分だけが信じていればよいのであって、子供の学校関係や自分の仕事関係等で信者であることを知られたくない」とか、「他人様《ひとさま》に献本《けんぽん》したり、『説法を聴かないか』と言ったりするようなことは余計なお世話で、何もしないほうが世の中でうまく渡《わた》っていける」とか思っている方は、数多くいるのではないかと、私は思いますね。

だから、ラ・ムーがそういうふうに言っていたとするなら、本当のラ・ムー……、まあ、「ラ・ムー」と僭称《せんしょう》する者は他教にも現れている偽者《にせもの》があるのかもしれませんけれども、「もう少し、ちゃんと真っ当に正視して、それを受け止めていただきたい」という気持ちはあるでしょうね。

職員は、布施《ふせ》を受けるだけの、尊さと功徳《くどく》を持った修行《しゅぎょう》をせよ

仏陀　活字にするだけでも、本当に、霊的にバイブレーションはかなり

低くなりますので、普通の本との違いが分からなくなっていきます。まあ、それでも、かなりまだ残ってはいますけれどもね。

でも、何分の一かには、おそらくなると思います。編集の手を通せば、本当に、三分の一にも十分の一にも減ることは、おそらくあるだろうと思います。

斎藤　申し訳ありません。

仏陀　「何がバイブレーションをつくっているか」が分からないで、普通の本のようにつくろうとする傾向《けいこう》は、たぶんあるはずだと思いますね。他の部局にいる人たちもまた、会社仕事をしているように思ってやっている者も多いと思います。

そういう職員の姿を見て、先ほど言ったように、悟《さと》りの道を歩んでいる者としての尊敬を持つことができないために、素直《すなお》にその言葉を聴いて活動できないでいる信者も、数多くいるのではないかと思います。

あるいは、逆に、「そうした俗世《ぞくせ》にまみれた生き方をし、生活をし、活動をしている人たちのために、そんなお布施《ふせ》をしたくない」という方もいらっしゃるし、「むしろ返していただきたい」という方だっていらっしゃるはずですね。

だから、お経《きょう》のなかにも、「お供えのお菓子《かし》を受けるにふさわしい」という言葉もよく出ますが、お布施を受けるには、それにふさわしいだけの功徳《くどく》を持っている修行《しゅぎょう》をしていなければいけないわけです。職員集団がそれだけの尊さを持っていなければ、感化力が流れ出してこないので、動きが会社的に見えて、残念ながら、尊さを生んでいないということはあるのかもしれませんね。

斎藤　ご指導、まことにありがとうございます。

「明日《あした》死んでもいいと思って生きなさい。永遠に命があると思って勉強を続けなさい」

斎藤　幸福の科学は未来型宗教として、仏陀の教えを学びつつ、さらに、さまざまな宗教を包含《ほうがん》しながら、新時代を開く世界宗教の姿を現さんとしています。そのために、主エル・カンターレ、大川隆法総裁は、日々、法を説いてくださっています。

未来型宗教として人類を救い、世に奇跡を起こし、人々の幸福化を進めていくために、私たちにはどのようなマインド、心掛《こころが》けというものが必要でしょうか。ご教示を賜ればと思います。


仏陀　だから、生き方の問題ですね。

「もう、明日《あした》死んでもいい」と思って生きなさいよ。ね？　みんな、永遠の命があると思っている。永遠に命はあるんですがね、この世には、永遠にはとどまれませんから。

もう、「自分が死ぬのは何十年も先のことだ」と思って、みんな呑気《のんき》に生きていると思うんですけれども、「明日、命がなくなる」と思って、今日を生きなさい。

斎藤　はい。

仏陀　そして、勉強はね、「永遠に命がある」と思って勉強を続けなさい。「終わりがないんだ」と思って勉強を続けなければ駄目《だめ》ですよ。だから、「百歳《さい》まで、百二十歳まで、百五十歳まで、二百歳まで生き続けなければいけない」と思って勉強をし続けなさい。

しかし、明日死んでもいいような気持ちで生きなさい。

それを、日々続けていくことが大事なことだと思いますね。

斎藤　ありがとうございます。
　仏陀よ、本日はご指導を賜りまして、まことにありがとうございます。仏弟子《ぶつでし》一同、感謝で今後の精進《しょうじん》を誓《ちか》います。

仏陀　はい。

9　仏陀の霊言《れいげん》を終えて

大川隆法　（手を二回叩《たた》く）以上でした。

奇跡《きせき》をスパッと否定はしなかったから、ホッとしています（笑）。『阿含経《あごんきょう》』的にはスパッと否定してくる可能性があるので、危ないのですが、そちらのほうでは来なかったので、よかったですね。「重いものは沈《しず》み、軽いものは浮《う》かぶ」と言われたら、「おっしゃるとおりです」ということで終わりですが、「奇跡」について、いちおう一定の評価をしてくれました。

色彩《しきさい》は仏教的だったとは思いますが、何とか魂《たましい》の兄弟が仲良く生きていけるように頑張《がんば》りたいと、私も思っています。

ありがとうございました。

質問者一同　ありがとうございました。

〈特別収録〉ゴータマ・シッダールタの霊言《れいげん》

――カナダ巡錫《じゅんしゃく》・金粉《きんぷん》現象の真実――

二〇一九年十二月二十二日　霊示《れいじ》

幸福の科学　特別説法堂《せっぽうどう》にて

〈霊言《れいげん》収録の背景〉

二〇一九年十月六日（日本時間十月七日）、カナダ・トロントのザ・ウェスティン・ハーバー・キャッスル・トロントにて“The《ザ》 Reason《リーズン》 We《ウィ》 Are《アー》 Here《ヒア》”と題し、大川隆法総裁の英語による講演と質疑応答が行われた。講演会二日前の、幸福の科学トロント支部精舎《しょうじゃ》視察の際には、信者の手に金粉《きんぷん》が現れ、その様子が写真に撮《と》られたため（「カナダ・トロント御巡錫《ごじゅんしゃく》記念 御法話《ほうわ》DVD＆CD」〔宗教法人幸福の科学刊〕の「スペシャルフォトコレクション」所収、口絵参照）、後日、その金粉現象に関する霊査《れいさ》が行われた。

質問者
大川紫央《おおかわしお》（幸福の科学総裁補佐《ほさ》）
［役職は収録時点のもの］

1　カナダ支部精舎《しょうじゃ》視察時に起きた金粉《きんぷん》現象

金粉を降らせた霊人《れいじん》を招霊《しょうれい》する

大川隆法　カナダ巡錫《じゅんしゃく》の折に、支部のみなさんのなかで金粉《きんぷん》が出た人が何人かいたようです。

カナダ支部巡錫の折に、金粉を降らせた方は誰《だれ》でしょうか。もし、特定できるなら出てきてください。

カナダ巡錫の折に、金粉を降らせた方、いましたら出てきてください。

誰でしょうか。

（約十秒間の沈黙《ちんもく》）

ゴータマ・シッダールタ　ゴータマ・シッダールタです。

大川紫央　釈尊《しゃくそん》が金粉を降らせてくださったのですか。

ゴータマ・シッダールタ　はい。●トスではありません。私です。普通《ふつう》に、こういうかたちで支部巡《めぐ》りをしたり、信者に会ったりしているときは、ゴータマです。

●トス　地球神エル・カンターレの分身の１人。約１万２千年前、アトランティス文明の最盛期を築いた大導師。現在、北米の霊界を司《つかさど》っており、カナダ巡錫《じゅんしゃく》における支援霊の１人でもあった。『太陽の法』『イエス　ヤイドロン　トス神の霊言』（共に幸福の科学出版刊）等参照。

大川紫央　そうなんですか！

ゴータマ・シッダールタ　私が本当ですので。いちばんなので。

実際にどのような霊人《れいじん》が金粉《きんぷん》を降らせているのか

大川紫央　「金粉《きんぷん》を降らせよう」と思ってくださるので、出るのですか。それとも、やはり、「信仰心《しんこうしん》」と呼応して、自然に金粉が出るということになるのでしょうか。

ゴータマ・シッダールタ　ああ、もちろん指導霊《しどうれい》が誰かいなければ落ちないことが多いですが、現実に降らす人はですね、六次元の上段階の諸《しょ》天善神《てんぜんしん》クラスのなかにそういう人がいるんですよ。

大川紫央　なるほど。

ゴータマ・シッダールタ　そういう、ちょっと「芸術的な部門」を兼《か》ねているクリエーターみたいな人たちがいて、いろんな現象を起こしたりすることがあります。

今回の映画なんかでも数多くの「病気治し」がありましたけれども、これも会場がたくさんありますので、同じ人とは限らず、いろんなとこ

●六次元　あの世（霊界）では、一人ひとりの悟りの高さに応じて住む世界が分かれている。六次元（光明界）には、各界の専門家やリーダーで、真理知識を持ち、徳があり尊敬を受けた人々が住む。また、六次元上段階には、いわゆる諸天善神や阿羅漢《あらかん》等がいる。『永遠の法』（幸福の科学出版刊）等参照。

ろで、その現地の諸天善神クラスの方が金粉を降らせたり、ちょっとした病気治しをしたりもかなりできますし。それ以上の方も、縁《えん》がある人は起こしていることもありますけどね。

直接、大川総裁がいるところでは私なんかがいて、まあ、そういう方々も集《つど》ってきているので。

要するに、守護するためにいっぱい集まってきているのでね。そういう人のなかに、こういう「現象化」が得意な人がいて、もっと激しくなってきたら、もっと大きな現象が直接に起きることがあると思います。

●今回の映画なんかでも……　映画「世界から希望が消えたなら。」（製作総指揮・大川隆法、2019年公開）。本映画を鑑賞した人のなかから、心疾患、糖尿病、皮膚病、視聴覚異常、鬱《うつ》病の回復・改善など、さまざまな「病《やまい》が治る奇跡」が報告されている。

2 「神秘パワー」が臨《のぞ》む幸福の科学の映画

各映画館に支援霊《しえんれい》がいて奇跡《きせき》を起こしている

大川紫央　例えば、「世界から希望が消えたなら。」などの幸福の科学の映画が、全国の映画館で上映されますよね。

ゴータマ・シッダールタ　はい、はい、はい。

大川紫央　それと同時に、天上界《てんじょうかい》でも、「ここの映画館は、この支援霊《しえんれい》の方たちがいて見守ってくださる」とか、そうした計画をしてくださっていると考えてよろしいのでしょうか。

ゴータマ・シッダールタ　まあ、映画館は二百以上ありましたから、けっこう各映画館に張りつけていたと思いますよ。

大川紫央　なるほど。

ゴータマ・シッダールタ　何人か、二、三人はいて、「この人に奇跡《きせき》を起こせるかも」という感じの人に起こしたりしています。

大川紫央　そうなんですね。

ゴータマ・シッダールタ　幸福の科学霊団《れいだん》には、上級霊団以外にも、この地上に直接いろんな現象を起こすタイプの人もけっこういて。このクラスの、金粉《きんぷん》を降らせたり、膝《ひざ》を治したり、腰《こし》を治したり、あるいは病気を治したりする人のなかには、人間に憑《つ》いて困らせているような小悪《こあく》魔《ま》ぐらい撃退《げきたい》できる力を持っている、ちゃんとした人はいっぱいいます。

こういう無数の人たちの力を得ないと、やっぱり、大きな現象は起きないのでね。

「奇跡《きせき》を起こす映画」という第二次マーケットができる

ゴータマ・シッダールタ　たぶん、今回の「世界から希望（が消えたなら。）」での現象はいっぱい記録されていますので、まあ、来年の映画、ルポルタージュと一緒《いっしょ》になって……。

大川紫央　はい。「心に寄り添《そ》う。」の3《スリー》ですね。

ゴータマ・シッダールタ　やはり、教団史のなかに一つ刻《きざ》まれることになると思いますよ。

●「心に寄り添う。」の3……　ドキュメンタリー映画「奇跡との出会い。—心に寄り添う。3—」（企画・大川隆法、2020年8月28日公開予定）のこと。2人の若者が取材を通じ、医者も驚く奇跡現象を体験した人々の共通点に迫る。

「奇跡《きせき》の映画」ということで、第二次マーケットが次はできると思います。「奇跡を起こす映画」ということでね。

また、ルルド（の泉）と違《ちが》って、こちらはもっと広範囲《こうはんい》に起きるので。

そんなのは、百年前とかは、いっぱいいみんな聞いたことはあると思うんですけれども。天理教《てんりきょう》とか、黒住教《くろずみきょう》とか、大本教《おおもときょう》とかが起きるようなときにはね。今は、もうほとんど聞かないですからね、本当に。

大川紫央　唯物論《ゆいぶつろん》的な考えのほうが強くなって……。

ゴータマ・シッダールタ　そうそう。考え方がもう駄目《だめ》なので。

●ルルド　本書p.50参照。

大川紫央　そうですね。

ゴータマ・シッダールタ　人々は信じないし、小さな宗教のなかではあっても、それを証明できるところまで行かないレベルが多いので。「全国規模」で起きるというのは、そうとうで、「海外」までこういうふうに起きるということは、それなりのことですよ。

大川紫央　なるほど。

ゴータマ・シッダールタ　カナダに行っただけで金粉が降るというのは、「世界的なものだ」ということを意味していますので。

巡錫《じゅんしゃく》によって現地の光のスピリットたちと縁《えん》ができる

ゴータマ・シッダールタ　まあ、「カナダには神様がいない」という、ちょっと気の毒な言い方もなされましたけど、全然いないわけではなくて、それは、「人間を導くぐらいのレベルの人は多少いる」ということで、ちゃんと協力関係はあるということですね。

大川紫央　はい。

ゴータマ・シッダールタ　宇宙人だけが目立っていますが、そうではな

●カナダには……　カナダ巡錫の法話“The Reason We Are Here”のなかで、国としての歴史が浅いカナダには神がいないと述べられている。『いま求められる世界正義』（幸福の科学出版刊）参照。

い人もいっぱいいて、有名でないというだけなのでね。知られていないので。「名乗るほどの者ではありませんが」という。

大川紫央　そうですよね。「無名の菩薩《ぼさつ》」たちがいらっしゃると。

ゴータマ・シッダールタ　そうそう。「心清き人たち」はいて、協力してくださっています。

今まで、直接、縁《えん》がなくても、カナダに巡錫《じゅんしゃく》することによって、現地のそういうスピリット、光のスピリットたちと幸福の科学との縁もできている。●台湾《たいわん》でもできているし。

●台湾でも……　2019年3月3日、台湾・グランド ハイアット 台北《タイペイ》にて、「愛は憎しみを超えて」と題して、大川隆法総裁による講演および質疑応答が行われた。『愛は憎しみを超えて』（幸福の科学出版刊）参照。

大川紫央　なるほど。

ゴータマ・シッダールタ　だから、そういう意味で、「いろんなところに行く」ということはいいことだと、私は思いますよ。まあ、宇宙人も出てきますけどね。

大川紫央　総裁先生の「トロント御巡錫《ごじゅんしゃく》記念スペシャルフォトコレクション」に金粉現象の写真が載《の》ってございます。

ゴータマ・シッダールタ　そうですね。正月から出るものですね。

●総裁先生の……　「カナダ・トロント御巡錫記念 御法話DVD & CD」(宗教法人幸福の科学刊。2020年新年大祭より頒布開始)に収蔵されている「スペシャルフォトコレクション」には、巡錫の様子のほか、金粉現象の写真や、映画「Immortal Hero(世界から希望が消えたなら。)」が上映されたトロントの映画館で撮影した写真、カナダで撮影したUFO等の写真などが収録されている。

大川紫央　はい。

ゴータマ・シッダールタ　（「スペシャルフォトコレクション」のUFOなどの写真のページを見ながら）いや、もしかしたらですねえ、大川紫央総裁補佐《ほさ》を見にきている可能性もあるんですね、こういう人がね。

大川紫央　宇宙人がですか？

ゴータマ・シッダールタ　宇宙からね。あちらも録画しているかもしれませんから。

大川紫央　じゃあ、次回からは手を振《ふ》ってみます（笑）。

ゴータマ・シッダールタ　めったに録《と》れないのでね。

大川紫央　はい。

ゴータマ・シッダールタ　うん。「大きな意味」があるんですよ。だから、できるだけね、いろんなところに行ってあげてください。初めてのところは大きい意味がありますからね。

大川紫央　総裁先生がその国に行ってくださるだけでも……。

ゴータマ・シッダールタ　縁ができます。

大川紫央　霊界《れいかい》的にも、かなり縁ができて……。

ゴータマ・シッダールタ　霊界では、その国の最高レベルの人たちが、みんな迎《むか》えに来ていますからね。

大川紫央　やはり、すごいことなんですね。

ゴータマ・シッダールタ　そうです。やっぱり、大きいんですよ。

（「スペシャルフォトコレクション」の写真のページを見ながら）映画館の前でも写真を撮《と》ったりしているでしょう？　これも大きいことで。映画にパワーが……、観《み》た人には「神秘パワー」がね、必ず来るでしょうね。

まあ、ロンドンも楽しみですね。

大川紫央　はい。ありがとうございました。

ゴータマ・シッダールタ　はい。

●ロンドンも……　2020年春に、大川隆法総裁によるイギリス・ロンドンでの講演会が予定されていたが、新型コロナウィルス感染拡大によって、イギリス政府より外出禁止、集会禁止の指示が出され、残念ながら中止となった。

あとがき

一見、奇跡と見えしものの多くは、仏法真理を悟れば、ごくあたり前の原因・結果の法則の中にある。

西洋医学の教科書に何と書いてあっても、説法を聞いたり、真理の書籍を読んだり、真理の映画を観《み》たり、その音楽を聞いただけで、難病・奇病が治る人は続出している。

たまたま今月手元に届いた『月刊・幸福の科学』という機関誌を開け

てみれば、モンゴルの人が、世界中の病院まわりをし、宗教巡りをしても不治《ふち》だった全身の乾癬《かんせん》が、根本経典『正心法語《しょうしんほうご》』の読唱《どくしょう》で、ボロボロと皮膚がはがれ、寝ると血まみれになった肌がツルツルになった奇跡を伝えている。私にとっては、あたり前のことが、あたり前に起きているだけである。

今こそ、真実の仏陀の力を悟るべき時である。

二〇二〇年　五月二十六日

幸福《こうふく》の科学《かがく》グループ創始者兼総裁《そうししゃけんそうさい》　大川隆法《おおかわりゅうほう》

『仏陀は奇跡をどう考えるか』関連書籍

『太陽の法』（大川隆法 著　幸福の科学出版刊）
『永遠の法』（同右）
『鋼鉄の法』（同右）
『青銅の法』（同右）
『大悟の法』（同右）
『愛は風の如く』全四巻（同右）
『いま求められる世界正義』（同右）
『愛は憎しみを超えて』（同右）
『大川隆法の守護霊霊言』（同右）

『ＵＦＯリーディングⅠ』（同右）
『ＵＦＯリーディングⅡ』（同右）
『「ＵＦＯリーディング」写真集』（同右）
『公開霊言 超古代文明ムーの大王 ラ・ムーの本心』（同右）
『イエス　ヤイドロン　トス神の霊言』（同右）
『アングリマーラ　罪と許しの物語』（大川紫央 著　同右）

仏陀《ぶっだ》は奇跡《きせき》をどう考《かんが》えるか

2020年6月4日　初版第1刷

著　者　　大《おお》　川《かわ》　隆《りゅう》　法《ほう》

発行所　　幸福の科学出版株式会社

〒107-0052 東京都港区赤坂2丁目10番8号
TEL(03)5573-7700
https://www.irhpress.co.jp/

印刷・製本　株式会社 堀内印刷所

落丁・乱丁本はおとりかえいたします

ISBN978-4-8233-0187-2 C0014
カバー metamorworks / Shutterstock.com
装丁・イラスト・写真（上記・パブリックドメインを除く）© 幸福の科学

大川隆法ベストセラーズ・仏陀の本心に迫る

仏陀再誕

縁生の弟子たちへのメッセージ

我、再誕す。すべての弟子たちよ、目覚めよ──。2600年前、インドの地において説かれた釈迦の直説《じきせつ》金口《こんく》の教えが、現代に甦る。

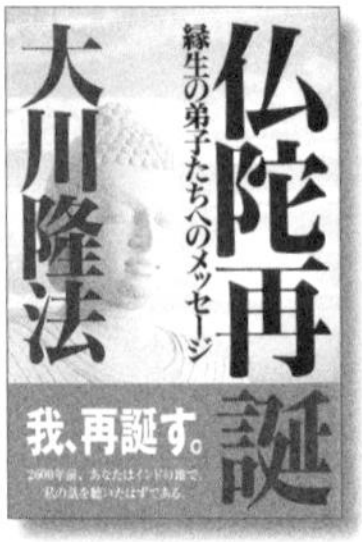

1,748円

釈迦の本心

よみがえる仏陀の悟り

釈尊の出家・成道を再現し、その教えを現代人に分かりやすく書き下ろした仏教思想入門。読者を無限の霊的進化へと導く。

2,000円

永遠の仏陀

不滅の光、いまここに

すべての者よ、無限の向上を目指せ──。大宇宙を創造した久遠仏が、生きとし生ける存在に託された願いとは。

1,800円

釈尊の出家

仏教の原点から探る出家の意味とは

「悟り」を求めるために、なぜ、この世のしがらみを断つ必要があるのか? 現代の常識では分からない「出家」の本当の意味を仏陀自身が解説。

1,500円

※表示価格は本体価格(税別)です。

大川隆法ベストセラーズ・悟りと救済

大悟の法

常に仏陀と共に歩め

「悟りと許し」の本論に斬り込んだ、著者渾身の一冊。分かりやすく現代的に説かれた教えは人生の疑問への結論に満ち満ちている。

2,000円

釈尊の霊言

「情欲」と悟りへの修行

情欲のコントロール法、お互いを高め合える恋愛・結婚、〝魔性の異性〟から身を護る方法など、異性問題で転落しないための「人生の智慧」を釈尊に訊く。

1,400円

漏尽通力

現代的霊能力の極致

高度な霊能力の諸相について語った貴重な書を、秘蔵の講義を新規収録した上で新装復刻！ 神秘性と合理性を融合した「人間完成への道」がここにある。

1,700円

悟りの極致とは何か

無限と永遠の果てに

現成《げんじょう》の仏陀の言魂《ことだま》でつづられた、悟りと情熱の書。仏典さながらの「仏陀の獅子《しし》吼《く》」、そして「人類史上空前の悟り」が、ここに開示される。

1,000円

幸福の科学出版

大川隆法 ベストセラーズ・信仰による奇跡

新復活

医学の「常識」を超えた奇跡の力

最先端医療の医師たちを驚愕させた奇跡の実話。医学的には死んでいる状態から"復活"を遂げた、著者の「心の力」の秘密が明かされる。

1,600円

病《やまい》を乗り切るミラクルパワー

常識を超えた「信仰心で治る力」

糖質制限、菜食主義、水分摂取──、その"常識"に注意。病気の霊的原因と対処法など、超・常識の健康法を公開！ 認知症、統合失調症等のＱＡも所収。

1,500円

ザ・ヒーリングパワー

病気はこうして治る

ガン、心臓病、精神疾患、アトピー……。スピリチュアルな視点から「心と病気」のメカニズムを解明。この一冊があなたの病気に奇跡を起こす！

1,500円

イエス・キリストの霊言

映画「世界から希望が消えたなら。」で描かれる「新復活の奇跡」

イエスが明かす、大川隆法総裁の身に起きた奇跡。エドガー・ケイシーの霊言、先端医療の医師たちの守護霊霊言、映画原案、トルストイの霊示も収録。

1,400円

※表示価格は本体価格（税別）です。

大川隆法霊言シリーズ・危機に立つ人類への教訓

釈尊の未来予言

新型コロナ危機の今と、その先をどう読むか──。「アジアの光」と呼ばれた釈尊が、答えなき混沌の時代に、世界の進むべき道筋と人類の未来を指し示す。

1,400円

天照大神《あまてらすおおみかみ》の御本心《ごほんしん》

「地球神」の霊流を引く
「太陽の女神」の憂いと願い

「太陽の女神」天照大神による、コロナ・パンデミックとその後についての霊言。国難が続く令和における、国民のあるべき姿、日本の果たすべき役割とは？

1,400円

イエス・キリストはコロナ・パンデミックをこう考える

中国発の新型コロナウィルス感染がキリスト教国で拡大している理由とは？ 天上界のイエスが、世界的な猛威への見解と「真実の救済」とは何かを語る。

1,400円

中国発・新型コロナウィルス 人類への教訓は何か

北里柴三郎 R・A・ゴールの霊言

未曾有のウィルス蔓延で、文明の岐路に立つ人類──。日本の細菌学の父による「対策の要点」と、宇宙の視点から見た「世界情勢の展望」が示される。

1,400円

大川隆法「法シリーズ」・**最新刊**

鋼鉄の法

法シリーズ 第26作

人生をしなやかに、力強く生きる

自分を鍛え抜き、迷いなき心で、闇を打ち破れ──。
人生の苦難から日本と世界が直面する難題まで、さまざまな試練を乗り越えるための方法が語られる。

第１章　繁栄を招くための考え方
──マインドセット編

第２章　原因と結果の法則
──相応の努力なくして成功なし

第３章　高貴なる義務を果たすために
──価値を生んで他に貢献する「人」と「国」のつくり方

第４章　人生に自信を持て
──「心の王国」を築き、「世界の未来デザイン」を伝えよ

第５章　救世主の願い
──「世のために生き抜く」人生に目覚めるには

第６章　奇跡を起こす力
──透明な心、愛の実践、祈りで未来を拓け

2,000円

幸福の科学の中心的な教え──「法シリーズ」

好評発売中！

幸福の科学出版

モナコ国際映画祭2020
最優秀作品賞
(エンジェル・トロフィー賞)
モナコ国際映画祭2020
最優秀VFX賞
ロサンゼルス映画賞2020
最優秀長編物語賞
ロサンゼルス映画賞2020
最優秀原作賞
フローレンス映画賞2020
最優秀長編作品賞
フローレンス映画賞2020
最優秀主演女優賞
ヒューストン
国際映画祭2020
長編ファンタジー・ホラー部門
ゴールド賞
最優秀作品賞
最優秀助演女優賞
ニューヨーク映画賞2020
最優秀オリジナルソング賞
オニロス映画賞2020
最優秀脚本賞
オニロス映画賞2020
最優秀ポスター賞
最優秀長編作品賞
心の闇を、打ち破る。
心霊喫茶
「エクストラ」の秘密
— THE REAL EXORCIST —
製作総指揮・原作／大川隆法
千眼美子
伊良子未來 希島凛 日向丈 長谷川奈央 大浦龍宇一 芦川よしみ 折井あゆみ
監督／小田正鏡 脚本／大川咲也加 音楽／水澤有一 製作／幸福の科学出版 製作協力／ARI Production ニュースター・プロダクション
制作プロダクション／ジャンゴフィルム 配給／日活 配給協力／東京テアトル ©2020 IRH Press cafe-extra.jp
大ヒット上映中

1991年7月15日、東京ドーム。
人類史を変える「歴史的瞬間」が誕生した。
――これは、映画を超えた真実。
夜明けを信じて。
2020年秋 ROADSHOW
製作総指揮・原作 大川隆法
田中宏明 千眼美子 長谷川奈央 芦川よしみ 石橋保
監督／赤羽博 音楽／水澤有一 脚本／大川咲也加 製作／幸福の科学出版 製作協力／ARI Production ニュースター・プロダクション
制作プロダクション／ジャンゴフィルム 配給／日活 配給協力／東京テアトル ©2020 IRH Press

幸福の科学グループのご案内

宗教、教育、政治、出版などの活動を通じて、地球的ユートピアの実現を目指しています。

幸福の科学

一九八六年に立宗。信仰の対象は、地球系霊団の最高大霊、主エル・カンターレ。世界百カ国以上の国々に信者を持ち、全人類救済という尊い使命のもと、信者は、「愛」と「悟り」と「ユートピア建設」の教えの実践、伝道に励んでいます。

（二〇二〇年五月現在）

愛

幸福の科学の「愛」とは、与える愛です。これは、仏教の慈悲《じひ》や布施《ふせ》の精神と同じことです。信者は、仏法真理をお伝えすることを通して、多くの方に幸福な人生を送っていただくための活動に励んでいます。

悟り

「悟り」とは、自らが仏の子であることを知るということです。教学《きょうがく》や精神統一によって心を磨き、智慧《ちえ》を得て悩みを解決すると共に、天使・菩薩《ぼさつ》の境地を目指し、より多くの人を救える力を身につけていきます。

ユートピア建設

私たち人間は、地上に理想世界を建設するという尊い使命を持って生まれてきています。社会の悪を押しとどめ、善を推し進めるために、信者はさまざまな活動に積極的に参加しています。

海外支援・災害支援

国内外の世界で貧困や災害、心の病で苦しんでいる人々に対しては、現地メンバーや支援団体と連携して、物心両面にわたり、あらゆる手段で手を差し伸べています。

自殺を減らそうキャンペーン

年間約２万人の自殺者を減らすため、全国各地で街頭キャンペーンを展開しています。

公式サイト **www.withyou-hs.net**

ヘレンの会

ヘレン・ケラーを理想として活動する、ハンディキャップを持つ方とボランティアの会です。視聴覚障害者、肢体不自由な方々に仏法真理を学んでいただくための、さまざまなサポートをしています。

公式サイト **www.helen-hs.net**

入会のご案内

幸福の科学では、大川隆法総裁が説く仏法真理《ぶっぽうしんり》をもとに、「どうすれば幸福になれるのか、また、他の人を幸福にできるのか」を学び、実践しています。

入会

仏法真理を学んでみたい方へ

大川隆法総裁の教えを信じ、学ぼうとする方なら、どなたでも入会できます。入会された方には、『入会版「正心法語《しょうしんほうご》」』が授与されます。

ネット入会 入会ご希望の方はネットからも入会できます。
happy-science.jp/joinus

三帰《さんき》誓願《せいがん》

信仰をさらに深めたい方へ

仏弟子としてさらに信仰を深めたい方は、仏《ぶっ》・法《ぽう》・僧《そう》の三宝《さんぼう》への帰依を誓う「三帰誓願式」を受けることができます。三帰誓願者には、『仏説・正心法語』『祈願文《きがんもん》①』『祈願文②』『エル・カンターレへの祈り』が授与されます。

幸福の科学 サービスセンター
TEL 03-5793-1727
受付時間／
火～金：10～20時
土・日祝：10～18時
（月曜を除く）

幸福の科学 公式サイト
happy-science.jp

仏法真理塾「サクセスNo.1」

全国に本校・拠点・支部校を展開する、幸福の科学による信仰教育の機関です。小学生・中学生・高校生を対象に、信仰教育・徳育にウエイトを置きつつ、将来、社会人として活躍するための学力養成にも力を注いでいます。

TEL 03-5750-0751（東京本校）

エンゼルプランV TEL 03-5750-0757

幼少時からの心の教育を大切にして、信仰をベースにした幼児教育を行っています。

不登校児支援スクール「ネバー・マインド」 TEL 03-5750-1741

心の面からのアプローチを重視して、不登校の子供たちを支援しています。

ユー・アー・エンゼル！（あなたは天使！）運動

一般社団法人 ユー・アー・エンゼル TEL 03-6426-7797

障害児の不安や悩みに取り組み、ご両親を励まし、勇気づける、
障害児支援のボランティア運動を展開しています。

NPO活動支援

いじめから子供を守ろうネットワーク

学校からのいじめ追放を目指し、さまざまな社会提言をしています。また、各地でのシンポジウムや学校への啓発ポスター掲示等に取り組む一般財団法人「いじめから子供を守ろうネットワーク」を支援しています。

公式サイト mamoro.org ブログ blog.mamoro.org

相談窓口 TEL.03-5544-8989

百歳まで生きる会

「百歳まで生きる会」は、生涯現役人生を掲げ、友達づくり、生きがいづくりをめざしている幸福の科学のシニア信者の集まりです。

シニア・プラン21

生涯反省で人生を再生・新生し、希望に満ちた生涯現役人生を生きる仏法真理道場です。定期的に開催される研修には、年齢を問わず、多くの方が参加しています。全世界212カ所（国内197カ所、海外15カ所）で開校中。

【東京校】TEL 03-6384-0778 FAX 03-6384-0779
メール senior-plan@kofuku-no-kagaku.or.jp

幸福実現党

内憂外患《ないゆうがいかん》の国難に立ち向かうべく、2009年5月に幸福実現党を立党しました。創立者である大川隆法党総裁の精神的指導のもと、宗教だけでは解決できない問題に取り組み、幸福を具体化するための力になっています。

幸福実現党 釈量子サイト shaku-ryoko.net
Twitter 釈量子@shakuryokoで検索

党の機関紙
「幸福実現党NEWS」

幸福実現党 党員募集中

あなたも幸福を実現する政治に参画しませんか。

○幸福実現党の理念と綱領、政策に賛同する18歳以上の方なら、どなたでも参加いただけます。

○党費：正党員（年額5千円［学生 年額2千円］）、特別党員（年額10万円以上）、家族党員（年額2千円）

○党員資格は党費を入金された日から1年間です。

○正党員、特別党員の皆様には機関紙「幸福実現党NEWS（党員版）」（不定期発行）が送付されます。

＊申込書は、下記、幸福実現党公式サイトでダウンロードできます。
住所：〒107-0052 東京都港区赤坂2-10-8 6階 幸福実現党本部
TEL 03-6441-0754 FAX 03-6441-0764
公式サイト hr-party.jp

出版　メディア　芸能文化　幸福の科学グループ

幸福の科学出版

大川隆法総裁の仏法真理の書を中心に、ビジネス、自己啓発、小説など、さまざまなジャンルの書籍・雑誌を出版しています。他にも、映画事業、文学・学術発展のための振興事業、テレビ・ラジオ番組の提供など、幸福の科学文化を広げる事業を行っています。

アー・ユー・ハッピー？
are-you-happy.com

ザ・リバティ
the-liberty.com

幸福の科学出版
TEL **03-5573-7700**
公式サイト **irhpress.co.jp**

THE FACT

ザ・ファクト
マスコミが報道しない
「事実」を世界に伝える
ネット・オピニオン番組

ザ・ファクト　検索

NEW STAR PRODUCTION

ニュースター・プロダクション

「新時代の美」を創造する芸能プロダクションです。多くの方々に良き感化を与えられるような魅力あふれるタレントを世に送り出すべく、日々、活動しています。 公式サイト **newstarpro.co.jp**

ARI Production

ARI《アリ》 Production《プロダクション》

タレント一人ひとりの個性や魅力を引き出し、「新時代を創造するエンターテインメント」をコンセプトに、世の中に精神的価値のある作品を提供していく芸能プロダクションです。 公式サイト **aripro.co.jp**

大川隆法　講演会のご案内

大川隆法総裁の講演会が全国各地で開催されています。講演のなかでは、毎回、「世界教師」としての立場から、幸福な人生を生きるための心の教えをはじめ、世界各地で起きている宗教対立、紛争、国際政治や経済といった時事問題に対する指針など、日本と世界がさらなる繁栄の未来を実現するための道筋が示されています。

講演会には、どなたでもご参加いただけます。
最新の講演会の開催情報はこちらへ。 ⟹ 大川隆法総裁公式サイト
https://ryuho-okawa.org